200% 활용하는
챗GTP 질문법

챗GPT의 99%는 질문이다

200%
활용하는

챗GPT
질문법

김대중 지음

이제는 챗GPT 시대!
질문이 대답을 이긴다

원앤원북스

우리는 이미 AI와 함께 살아가고 있습니다. 스마트폰, 자율 주행 차량, 추천서비스, 챗봇 등 AI는 우리에게 많은 편의를 제공하고 있습니다. 그런데 AI의 가능성이 이것만으로 끝나지는 않을 것입니다. 생성형 AI가 그 가능성을 더욱 확장시키고 있으니까요.

이 책은 생성형 AI 중에서도 챗봇 분야에서 두각을 나타내는 챗GPT를 다루고 있습니다. 챗GPT란 사용자의 질문에 인간처럼 대답하는 AI로서, 그 활용 범위가 무궁무진합니다. 이 책을 통해 챗GPT의 기본적인 사용법부터 활용 사례, 챗GPT를 효과적으로 사용하기 위한 팁까지 알 수 있을 겁니다.

한국언론진흥재단 미디어연구센터에서 챗GPT 이용 경험 및 인식을 알아보고자 20~50대 1천 명을 대상으로 설문 조사를 진행했습니다. 2021년 3월 22일부터 4월 2일까지의 조사 결과를 보면, 32.8%가 챗GPT를 사용해본 경험이 있고, 그중 5%가 유료 버전을 이용하고 있습니다. 그리고 39.8%는 챗GPT의 존재 자체를 모른다고 응답했고요. 유료 버전을 사용하는 사람들 중에서 80%는 '만족'한다는 결과가 나

왔습니다. 사용료가 월 20달러임에도 불구하고 만족도가 높다는 결과 이지요.

챗GPT를 포함한 생성형 AI는 기술적·비즈니스적인 면에서 우리에게 많은 영향을 주고 있습니다. 단순히 챗GPT를 사용하는 수준을 넘어서 플러그인, API 등을 활용해 생태계를 만들고, 데이터셋의 한계 극복과 사용자 편의, 외부 서비스와의 제휴 등의 단계까지 진화했지요. 우리는 이러한 변화를 의식하지 못하는 사이, 챗GPT의 영향을 받고 있습니다.

챗GPT에서 가장 중요한 것은 '사용자가 프롬프트에 질문을 어떻게 입력하는가?'입니다. 그만큼 좋은 질문을 해야 좋은 답변이 생성되는 것이지요. 그 결과 챗GPT는 우리의 생활과 업무를 더욱 풍요롭게 만들어주는 파트너가 될 것입니다.

이 책을 쓰면서 언제나 변함없는 사랑과 지지를 보내준 가족들, 사랑하는 아내와 세 명의 아이들에게 감사의 마음을 전합니다. 또한 이 책이 독자들에게 닿을 수 있도록 노력해주신 출판사 모든 분들께 감사의 마음을 전합니다. 이 책이 독자 분들께 도움이 되길 바라는 마음입니다.

김대중

차례

3장 챗GPT 활용을 편하게 하는 크롬 확장 프로그램

챗GPT,
확장해서 활용하기

챗GPT와 API 연동
알아보기

6장 챗GPT와 인터넷의 미래를 전망하다

○ ● ○

챗GPT를 제대로 활용하기 위해서는 GPT에 질문을 잘 해야 한다. 챗GPT 활용의
99%는 프롬프트에 어떤 질문을 하느냐에 따라 결정되기 때문이다. 그렇다면 어
떤 질문이 좋은 질문이고 나쁜 질문인지, 이에 대해 구체적으로 살펴보자.

1장

챗GPT 활용의 99%는
질문이다

챗GPT 활용의 핵심은 '질문'이다

챗GPT란 GPT와 사용자 간의 대화Chatting를 말한다. 사용자가 원하는 정보를 얻거나 GPT에게 사용자가 원하는 결과를 생성하게 하는 대화 과정이다. 챗GPT를 잘 활용하느냐, 그렇지 않느냐는 프롬프트에 입력되는 사용자의 질문과 요청 내용에 따라 결정된다. 따라서 챗 GPT를 적절히 활용하기 위해서는 정보를 얻거나 결과 생성을 위한 대화 과정에서 질문 또는 요청하려는 내용을 정확히 입력해야 한다. 사용자가 GPT 프롬프트에 입력하는 질문에 따라 생성되는 대답이나 결과가 달라지기 때문이다.

챗GPT를 잘 활용하기 위한 좋은 질문이란 어떤 질문일까? 챗GPT를 사용하는 궁극적인 목적은 사용자가 원하는 대답이나 결과를 생성하기 위해서다. 따라서 이 대답이나 결과를 빠르게 생성할 수 있는 질문이 좋은 질문이다. 프롬프트에 좋은 질문을 입력하려면 먼저 사용자가 원하는 대답과 원하는 생성 결과가 명확해야 한다. 즉 사용자가 원하는 결과를 명확하게 하는 것이 중요하다.

예를 들어 '온라인 마케팅 캠페인에 활용할 광고 문구를 추천해줘' '아이가 있는 가족의 3박 4일 제주도 여행 계획을 추천해줘' '축구 규칙을 알려줘' '해외여행 때 준비해야 할 체크리스트를 엑셀로 만들 수 있게 생성해줘' 등 사용자의 목표 혹은 목적이 명확한 요청일수록 좋은 질문이다.

우리는 일상생활에서 인지 여부와 상관없이 목표를 생각하고 움직인다. 어디를 갈지, 무엇을 먹을지, 언제 갈지 등을 염두하고 움직인다. 어느 날 필자가 원고를 쓰다가 커피가 마시고 싶어서 동네 카페에 간 적이 있다. 이때 카페에 가서 "커피 주세요"라고만 주문하지 않는다. 원하는 바를 정확하게 요구한다. "따뜻한 아메리카노 보통 사이즈로 주시고, 텀블러에 담아 갈게요"라고 말이다. 내가 마시고 싶은 커피를 구체적으로 제시해서 주문하거나 카페 직원의 질문에 답을 하는 방식으로 커피를 주문한다.

보통 커피를 주문하는 절차가 어떠한가? 많은 커피 메뉴 중에 하나를 선택하고, 따뜻한 커피인지 아니면 차가운 커피인지를 선택한다. 취향에 따라 디카페인을 원한다면 그렇게 선택한다. 그다음 커피 사이즈를 선택한다. 작은 사이즈, 보통 사이즈, 큰 사이즈 중에서 하나를 선택한다. 마지막으로 카페에서 마실 것인지, 아니면 테이크아웃을 할 것인지를 선택하고 주문 절차를 마친다. 결국 내가 원하는 커피가 무엇인지 정확하게 이야기하거나, 카페 직원과 질문-대답을 하면서 커피를 주문한다. 이때 두 번째 커피 주문 방법, 그러니까 옵션을 하나하나 질문하고 대답하는 방법이 GPT 프롬프트에 질문-요청을 입력하는 과정과 비슷하다.

내가 마시고 싶은 커피를 주문하는 과정과 GPT와의 채팅이 유사

나쁜 질문	좋은 질문
세상에서 가장 유명한 사람은 누구인가?	대한민국 축구에서 가장 유명한 선수 5명을 선택하고, 그들의 선수 경력을 알려줘.
내일 날씨는 어때?	서울의 4월 날씨는 어떻게 될까?
건강에 좋은 음식은 무엇일까?	건강에 좋은 계절별 과일을 추천해줘.
나는 무슨 일을 해야 할까?	축구선수가 되려면 어떻게 해야 할까?
여름휴가 때 갈 만한 곳을 추천해줘.	여름에 휴가로 갈 만한 대한민국의 산을 알려줘.

❙ 나쁜 질문과 좋은 질문의 구체적인 예

하다. 내가 마시고 싶은 커피, 즉 챗GPT를 활용해서 대답이나 결과를 얻으려면 사용자는 대답에 대한 수정 과정을 거쳐야 한다. 커피 옵션을 정확하게 주문해야 하는 것처럼 말이다. 그런데 만약 그 카페를 자주 이용하는 단골이라면 어떨까? 이는 내가 평소에 어떤 커피를 어떻게 마시는지 사전 정보가 있다는 뜻이다. 그래서 내가 마시는 커피의 사전 정보를 주인이 기억해서 이를 바탕으로 커피를 준다.

챗GPT도 기존에 학습한 데이터셋이 아니라 프롬프트에 입력된 사전 정보, 사례, 역할 등을 기반으로, 사용자가 프롬프트에 입력한 질문과 요청에 맞는 대답, 정보가 생성된다. 챗GPT를 활용해서 좋은 결과를 생성하려면 프롬프트에 입력하는 질문이나 요청의 내용이 중요하다.

내가 질문을 했을 때 아래 조건이라면, 다시 질문해줘.
1) 입력한 질문을 명확하게 인지하지 못 했을 때.
2) 챗GPT가 답변 할 수 없는 질문 일 때
3) 생성 된 답변의 정확도가 80% 이하일 때

알겠습니다! 질문을 해주세요. 만약 위의 조건 중 하나에 해당되면, 다시 질문해드리겠습니다.

▌프롬프트 조건 입력

챗GPT에 입력하는 좋은 질문과 나쁜 질문이란 무엇일까? 프롬프트에 입력한 결과에 따라 판단할 수 있다. 만약 '부산에 가는 방법을 알려줘'라고 물어본다면 무엇이라고 대답해야 할까? '비행기로 가도 되고, 버스로 가도 되고, 자차로 가도 되고, 기차로 가도 돼'라고 말하겠는가? 그러니 'KTX를 타고 부산에 가려면 어떻게 해야 하는지 알려줘'라고 물어보는 것이 좋다. 그래야 더 정확한 답을 얻을 수 있다.

챗GPT에서 의미하는 좋은 질문이란 원하는 바가 명확하고, 정보가 충분하며, 편향되지 않은 질문이다. 챗GPT가 학습한 데이터셋은 2021년 9월까지의 정보들을 바탕으로 한다. 따라서 이 정보를 기반으로 질문해야 좋은 답변이 만들어진다.

챗GPT에게 좋은 답변을 생성하게 하려면 챗GPT 창에 다음의 내용을 입력하는 것이 도움된다.

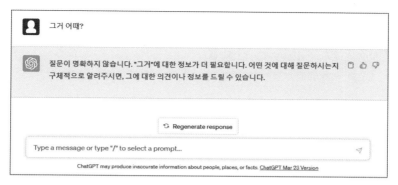

▎애매한 질문의 예

"내가 질문을 했을 때 아래 조건이라면, 다시 질문해줘."

○ 입력한 질문을 명확하게 인지하지 못했을 때

○ 챗GPT가 답변할 수 없는 질문일 때

○ 생성된 답변의 정확도가 80% 이하일 때

3개의 조건을 입력한 후에 프롬프트에 질문을 추가하면, 챗GPT는 위 3가지 조건에 해당할 때 다시 질문한다.

챗GPT로 카드뉴스 만들기

카드뉴스는 SNS상에서 콘텐츠 마케팅을 할 때 유용하다. 카드뉴스는 짧은 텍스트와 연관된 이미지를 조합해서 여러 개의 콘텐츠로 메시지를 전달한다. 그래서 SNS상에서 콘텐츠 마케팅을 하거나 전달하고자 하는 메시지를 만들 때 효과적이다.

챗GPT는 이미지를 생성할 수 없어서 카드뉴스를 직접 만들 수는 없다. 다만 챗GPT를 활용해서 카드뉴스를 만드는 데 도움받을 수는 있다. 다음은 카드뉴스를 제작할 때 챗GPT를 활용하는 방법이다.

- 1단계: 역할을 부여한다.
- 2단계: 카드뉴스를 만들 주제를 입력한다.
- 3단계: 생성 결과의 톤, 매너를 입력한다.
- 4단계: 제작하려는 카드 콘텐츠의 총 개수를 입력한다.
- 5단계: 슬라이드별로 상세 설정한다.
- 6단계: 카드뉴스에 필요한 이미지를 검색할 수 있도록 키워드 추출을 요청한다.
- 7단계: SNS에 추가할 메시지를 요청한다.
- 8단계: 해시태그를 추천한다.

총 8단계로 챗GPT에 입력한 후에 생성된 결과를 활용하면, 카드
뉴스를 제작할 수 있다.

만약 '제주도 여행지 추천' 카드뉴스를 챗GPT로 제작하는 채팅 과
정이 보고 싶다면, 다음의 QR 코드를 스캔해보면 된다.

▌챗GPT 카드뉴스 만들기 QR 코드

Model
GPT-4

ChatGPT Prompt Genius Templates - What's New? ☑

Sponsored by ZMO.AI - The Ultimate Free Generator for AI Anime, Photo, and Design. Text to image, image to image
& ChatGPT powered AI designer.

All Categories   Search Prompts...

Compact view ☑ | Discover Prompts ☑ | My Prompts ☑

Showing **1** to **0** of **0 Entries**

Prev   Next

GPT-4 currently has a cap of 25 messages every 3 hours.

지금 부터 너는 콘텐츠 마케터야.
너는 지금 인스타그램에 사용할 카드뉴스를 만들어야해.
주제는 "제주도 여행지 추천"이야.
톤과 매너는 "친절"하고 "유익해" 그리고 "편안한"를 사용해줘
카드뉴스는 총 6장을 만들꺼야.

ChatGPT may produce inaccurate information about people, places, or facts. ChatGPT Mar 23 Version

▌카드뉴스 제작 1~4단계

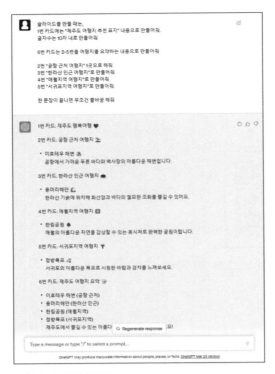

▌카드뉴스 제작 5단계

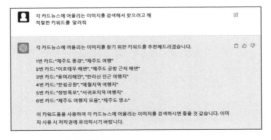

▌카드뉴스 제작 6단계

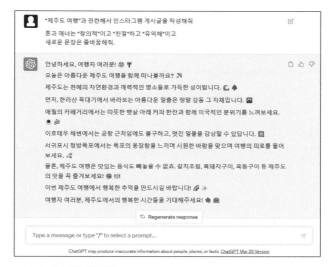

❚ 카드뉴스 제작 7단계

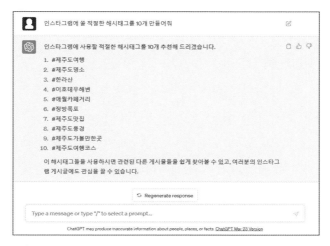

❚ 카드뉴스 제작 8단계

챗GPT-4를 사용할 때
주의해야 할 사항

생성형 AI는 다양한 분야에서 사용자를 보완하고 창의성, 협업 등에도 도움을 주고 있다. 생성하는 콘텐츠 분야에 따라 다양한 생성형 AI가 있다. 2018년 6월에 오픈AI_{OpenAI}에서 챗GPT-1_{ChatGPT-1}을 발표했고, 2019년 11월에 챗GPT-2_{ChatGPT-2}를 공개했다. 이때 자연어 처리 작업에서 뛰어난 성능을 보여주었다.

챗GPT_{ChatGPT}의 특이점은 2020년 6월, 챗GPT-3_{ChatGPT-3}가 공개되면서 나타났다. 이전의 GPT들에 비해 대화 품질, 텍스트 생성, 번역, 질의응답, 문장 생성 능력 면에서 큰 발전을 보였다. 이는 사용자들에게 자연스러운 문장 생성 능력을 보여줌으로써 이슈가 되었다.

챗GPT를 들어본 적 있는가? 이때 말하는 챗GPT는 대부분 챗GPT-3 버전을 말하는 것이다. 챗GPT-3가 보여주는 놀라운 경험들 덕분에, 2023년 3월 14일에 발표된 챗GPT-4_{Chat GPT-4}는 사람들의 많은 관심을 받았다. 발표 내용에 따르면 챗GPT-3에 비해 챗GPT-4는 파라미터 수가 늘었다고 한다. '파라미터 수가 늘었다'라는 것은 데이터셋을 학습하고 데이터 사이의 연관성을 이해하는 능력이 향상되었다는 의미다. 사용자 입장에서 어떤 차이점이 있을까?

오픈AI의 발표에 따르면, 첫째 답변 능력의 정확성이 이전보다

약 40% 향상되었다. 이는 사용자의 질문에 적합한 답변이 생성될 가능성이 높아졌다는 뜻이다. 둘째, 허용되지 않은 윤리적·법적인 문제가 될 수 있는 질문에 답변할 가능성이 82% 감소했다. 셋째, 멀티모달Multimodal[1]로 이미지를 인식하는 능력이 추가되었다. 텍스트가 아닌 이미지 입력으로 대답을 생성할 수 있다. 넷째, 2만 5천 개 단어 이상으로 대답을 생성한다. 2만 5천 개 단어라면 책을 쓸 수 있을 만큼의 콘텐츠 양이다.

챗GPT-4는 챗GPT Plus(플러스) 유료 플랜을 구독하면 사용할 수 있다. 필자는 초기에 챗GPT 무료 버전을 사용했는데, 지금은 챗GPT Plus를 유료 구독하고 있다. 그런데 사용할 때 큰 차이를 느낄 수는 없었다. 아마도 학습하는 데이터셋이 2021년 9월 정보까지만 학습했다는 점에서 생성된 답변에 큰 차이가 없는 것 같다. 다만 생성된 답변 외에 사용할 때 답변 생성 속도가 빠르다는 점에서 챗GPT-4를 활용해 업무에 도움을 받고자 할 때, 사전에 자료 수집을 위해 사용할 때, 정보 수집을 할 때 등에 도움이 된다.

무료 버전을 활용해도 도움을 받을 수는 있다. 다만 무료 버전의 한계, 예를 들어 한 번에 생성하는 응답하는 텍스트 수, 속도, 이전 질문 이력을 통한 현재 답변의 정확성 등에서 한계가 있다. 무료와 유료를 모두 사용해본 바, 챗GPT를 효율적으로 활용하고 싶다면 챗GPT 유료 구독 요금제를 사용하는 것이 훨씬 효과적이다.

챗GPT를 활용할 때 주의할 점이 있다. 개인 정보를 공유하거나 민

잘 사용할 수 있는 경우	사용할 때 주의해야 하는 경우
정보 검색: 사실, 정의, 일반적인 지식에 대한 질문에 빠르게 답변할 수 있음	**개인 정보 공유**: 개인 정보를 공유하거나 요구하는 상황에서 개인 정보 유출의 위험이 있음
학습 도움: 학습 자료, 개념 설명, 문제 해결 전략 등을 이해하고 익히는 데 도움이 됨	**민감한 주제**: 편견이나 불완전한 정보를 확산시킬 위험이 있는 주제를 다룰 때
창의적 쓰기: 글쓰기 프로젝트에 대한 아이디어, 구문 제안, 문장 구조 개선 등의 창의적인 측면에서 도움이 됨	**법률 및 의료 상담**: 전문가의 조언이 필요한 주제에서 잘못된 정보를 제공할 수 있음
기술 지원: 소프트웨어, 하드웨어, 프로그래밍 언어 등과 관련된 문제 해결 방법이나 전략을 찾을 때 도움이 됨	**금융 및 투자 조언**: 실시간으로 정보에 접근할 수 없고, 전문가가 아니기 때문에 잘못된 조언을 할 수 있음
의사결정 도움: 다양한 선택지 중에서 장단점을 비교하고 분석해 의사결정 과정을 도움	**최신 정보**: 2021년 9월 이후의 최신 정보나 트렌드에 대해 정확한 답변을 제공하지 못할 수 있음
일상 대화: 일상적인 주제로 대화를 나누거나 간단한 질문에 대한 답변을 얻을 수 있음	**부정확한 정보 전파**: 정보의 정확성을 확인하기 전에 다른 출처를 참고하는 것이 좋음

▎챗GPT를 잘 사용할 수 있는 경우와 그렇지 않은 경우

감한 주제와 관련 있는 질문, 법률·의료·정치·금융 및 투자 등 전문가의 조언이 필요한 분야는 사용을 자제하거나 참고 자료 정도로 활용하는 것이 좋다. 학습 데이터셋이 2021년 9월까지의 정보를 기반으로 하므로, 최신 정보가 아니라는 사실을 주지하고 활용해야 한다. 위 도표는 챗GPT를 잘 사용할 수 있는 경우와 사용할 때 주의해야 하는 경우(2023년 3월 28일 기준)를 정리해놓은 것이다. 챗GPT를 사용할 때 참고하면 도움이 될 것이다.

○ ● ○

챗GPT 프롬프트는 사용자가 GPT에 질문과 요청을 입력하면 채팅 형식으로 응답을 생성하는 방식이다. 그러므로 챗GPT 활용의 핵심은 프롬프트에 사용자가 입력하는 내용이다. 챗GPT가 좋은 응답을 생성할 수 있도록 좋은 질문이나 요청을 프롬프트에 입력해야 하는데, 똑똑하게 사용하는 방법을 알아보자.

2장

챗GPT,
똑똑하게 사용하기

챗GPT를 사용하는 과정은 사용자와 챗GPT가 대화하면서 사용자의 니즈Needs를 해결하는 과정이다. 이는 챗GPT가 사용자와 대화를 하거나 사용자의 요구 사항에 적합한 결과를 생성하는 것이다.

사용자는 챗GPT 사이트에 회원 가입을 하고, 프롬프트에 질문이나 사전 정보, 사전 자료 등을 입력한다. 그러면 챗GPT는 사용자가 프롬프트에 입력한 질문이나 요구 사항들을 이해한 뒤, 그에 맞는 답변 혹은 결과물을 생성한다. 사용자는 생성된 결과를 확인하고, 필요하다면 요구 사항이나 질문을 추가하거나 피드백을 입력할 수 있다. 챗GPT는 이를 다시 분석해서 추가 결과를 생성하고, 사용자의 질문이나 피드백이 끝나면 종료한다.

챗GPT와 사용자 간의 상호작용을 정리하면 다음과 같다.

1. 시작

2. 사용자 회원 가입 및 로그인

3. 사용자가 질문-요구 사항 입력

4. 챗GPT가 질문-요구 사항 처리

5. 챗GPT 답변 생성

6. 사용자가 답변 확인

7. 사용자가 추가 질문과 피드백이 필요한지 결정

    7-1. 필요하다면 3단계로 돌아감

    7-2. 필요하지 않다면 8단계로 이동

8. 종료

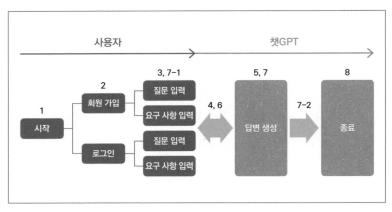

▌사용자와 챗GPT 간의 상호작용

챗GPT에 회원 가입 기능은 없으나 오픈AI 사이트(www.OpenAI. com)에서 회원 가입을 할 수 있다. 오픈AI에서 챗GPT를 서비스하기 때문이다. 이때 챗GPT를 사용하려면 오픈AI 사이트의 'Product' 탭에서 GPT-4 상품 페이지로 이동한다. GPT-4 상품 페이지에서 'Try on ChatGPT Plus'를 클릭하면 회원 가입 페이지로 이동한다. 'Sign

▌오픈AI 사이트 화면

▌회원 가입 화면

up'을 클릭한 후에 가입 정보(이름, 이메일 주소, 비밀번호)를 입력하거나 구글 계정이나 마이크로소프트 계정에 연동해서 가입할 수 있다. 이 메일 주소로 인증을 완료한 다음, 이메일 주소와 비밀번호를 입력해 로그인할 수 있다.

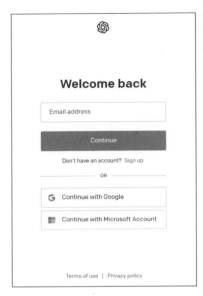

┃ 계정 등록을 하거나 구글 계정이나 마이크로소프트 계정에 연동한다

오픈AI 사이트에서 회원 가입을 하면 GPT 무료 버전을 사용할 수
있다. GPT 무료 버전은 GPT-3.5 버전이다. 개인 사용자라면 무료 버
전인 GPT-3.5를 사용해도 활용하는 데 큰 지장이 없을 것이다. GPT-4
유료 구독은 무료 구독보다 사용량과 기능이 확장되어서 꾸준히 사용
하거나 사용량이 많을 경우에, 응답 속도와 사용자가 몰리는 시간에
도 잘 접속할 수 있다. 이 때문에 유료 구독 서비스인 GPT-4 Plus를
사용하는 것을 추천한다.

월 구독 비용은 20달러(한화로 약 2만 5천 원)다. 챗GPT에 로그인을

한 후 채팅 페이지 좌측 하단에 'Upgrade to Plus' 메뉴를 클릭하면, 구독 비용 결제창이 나온다. 이때 결제 정보를 입력하고 결제하면 구독이 시작된다. 구독 후에는 여러 버전의 챗GPT 중에서 사용할 버전의 상황을 확인할 수 있고, 사용할 버전을 선택할 수도 있다. 대개 일반적인 상황에서 사용할 것이라면 무료 서비스만으로도 사용에 어려움은 없을 것이다.

▌유료 구독 서비스 결제

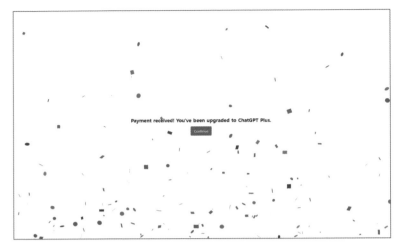

유료 구독 서비스 결제 완료

챗GPT-4 완료

챗GPT 프롬프트에 입력하기

챗GPT에 로그인을 하고 나면, 화면 왼쪽 하단의 입력 창에 프롬프트Prompt[2]를 입력할 수 있다. GPT는 사용자의 질문이나 요구 사항이 입력된 프롬프트를 받으면, 그것을 이해한 뒤 적절한 답변을 찾아 화면에 보여준다. 이렇게 생성된 답변을 채팅을 하면서 원하는 정보를 얻거나 문제 해결에 도움을 받을 수 있다.

챗GPT-4에는 텍스트 외에 이미지를 입력하는 것도 가능하다. 그런데 일반적으로 사용되는 프롬프트에서가 아니라, GPT-4의 개발자 페이지 API(platform.openai.com)를 통해서 가능하다. API를 활용할 수 있는 개발자가 있거나 API 연동 개발을 할 수 있어야 활용할 수 있다.

챗GPT를 사용할 때 사용자의 질문이나 요구 사항을 프롬프트에 입력하는 일이 첫 단계다. 어떤 내용을 프롬프트에 입력해야 할까? 지금 이 순간, 궁금한 사항이 있다면 그것을 프롬프트에 입력해보자. 이때 주의할 점이 있다. 2021년 9월까지의 데이터셋만 학습했기 때문에 그때의 자료를 기반으로 해서 챗GPT가 응답을 해준다는 점이다.

필자는 '자기 개발을 잘 하는 방법'을 입력해서 챗GPT-4가 생성한 결과를 확인했다. 결과를 생성한 화면을 보면 프롬프트에 입력한 내용이 상단에 있고, 생성된 내용은 하단에 있다. 똑같은 내용이지만

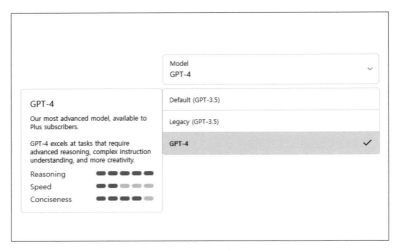

▌모델 선택

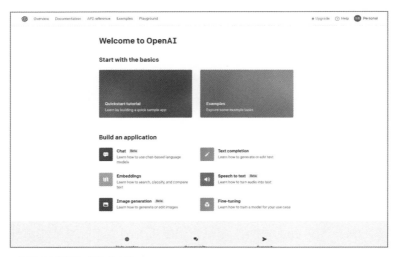

▌오픈AI 개발자 페이지 API

자기 개발을 잘 하는 방법

자기 개발을 잘 하는 방법은 여러 가지가 있습니다. 다음은 일반적으로 도움이 되는 몇 가지 방법입니다:

1. 목표 설정: 명확한 목표를 설정하고, 단기 및 장기 목표로 세분화하여 우선순위를 정합니다. 이를 통해 자신이 원하는 방향으로 집중적으로 발전할 수 있습니다.
2. 계획 및 일정 관리: 자기 개발을 위한 일정을 세우고, 계획을 세분화하여 관리합니다. 일정 관리 앱이나 노트를 사용하여 계획을 기록하고, 일정을 관리하세요.
3. 자기 반성: 정기적으로 자신의 행동, 생각, 감정에 대해 성찰하고, 개선할 부분을 찾아냅니다. 이를 통해 자신을 더 잘 이해하고 성장할 수 있습니다.
4. 꾸준한 학습: 새로운 지식과 기술을 습득하기 위해 꾸준히 학습하세요. 온라인 강의, 도서, 블로그, 워크샵 등 다양한 학습 자료를 활용하십시오.
5. 네트워킹: 관심 분야와 관련된 사람들과 교류하여 정보를 얻고, 경험을 공유하세요. 이를 통해 새로운 기회를 찾을 수도 있습니다.
6. 실천 및 경험: 배운 것을 실제로 적용하고, 실패와 성공을 통해 경험을 쌓으세요. 이를 통해 지식과 기술이 내 것이 되고, 실력이 향상됩니다.
7. 건강 유지: 건강한 신체와 정신 상태를 유지하면 학습 능력과 집중력이 향상됩니다. 규칙적인 운동, 올바른 식습관, 충분한 수면 등을 통해 건강을 관리하세요.
8. 긍정적 태도: 도전을 긍정적으로 대하고, 실패를 배움의 기회로 받아들이세요. 자신을 격려하며 성장하는 태도를 유지하십시오.
9. 피드백 수용: 주변 사람들로부터 피드백을 받고, 그 피드백을 통해 개선할 수 있는 부분을 찾으세요.
10. 인내심: 자기 개발은 단기간에 이루어지지 않는 경우가 많습니다. 지속적인 노력

❙ 챗GPT-4 프롬프트 입력 예제

다른 내용을 보고 싶다면, 하단의 'Regenerate response(답신 재생성)'를 클릭한다. 그러면 같은 프롬프트에 대해 다른 내용을 생성해준다.

프롬프트 내용에 따라 비슷한 내용이 생성되는 경우도 있다. 프롬프트에 질문이나 요청 사항을 적절하게 입력해야 좋은 결과를 얻을 수 있다. 즉 챗GPT 사용의 99%는 '좋은 프롬프트를 입력하는 일'에서 시작되는 셈이다. 프롬프트는 질문이 될 수도 있고, 요청이 될 수

계속해줘

과 인내심을 갖고 변화와 발전을 추구하십시오. 중요한 것은 꾸준한 노력과 성장에 대한 믿음입니다.

11. 습관 형성: 좋은 습관을 형성하고 나쁜 습관을 없애는 것이 중요합니다. 작은 습관부터 시작하여, 시간이 지남에 따라 성장을 도울 좋은 습관들을 차곡차곡 쌓아가세요.
12. 시간 관리: 시간을 효율적으로 활용하려면, 일과 놀이, 휴식 시간을 균형 있게 배분하십시오. 일 중에는 집중력을 높이기 위해 시간을 정해놓고 일하는 것이 좋습니다.
13. 적응력 향상: 변화에 유연하게 대응하고 새로운 환경에 적응할 수 있는 능력을 기르세요. 이를 통해 변화하는 상황에서도 성장할 수 있습니다.
14. 감사의 마음: 자신의 발전과 성장을 위해 도움을 주는 사람들과 경험에 감사의 마음을 갖고, 좋은 에너지를 공유하며 성장하세요.
15. 멘토 찾기: 자신의 성장을 도울 수 있는 멘토를 찾아 그들로부터 조언과 지식을 얻으세요. 멘토의 경험과 지혜를 통해 더 빠르게 발전할 수 있습니다.

이렇게 다양한 방법을 통해 자기 개발을 잘 할 수 있습니다. 중요한 것은 꾸준한 노력, 인내심, 그리고 개선을 위한 적극적인 자세입니다. 성장하는 과정에서 어려움이 있을 수 있지만, 이를 극복하고 나아가면 더 큰 성취와 발전을 이룰 수 있습니다.

┃ 챗GPT-4 프롬프트 입력 예제 '계속해줘'

도 있다. 사용자의 질문 수준에 따라 챗GPT가 생성하는 답변이나 결과가 달라진다. 프롬프트 엔지니어가 유망한 직업으로 주목받는 이유이기도 하다.

프롬프트의 결과가 한 화면에서 끝나지 않는다면 '계속해줘' 혹은 '이어서 해줘' 등과 같이 '다음 내용을 계속 보여달라'는 의미의 요청을 입력하면 된다. 그러면 질문이나 요청에 대한 결과를 이어서 보여준다. 'Regenerate response'로 반복 생성된 결과의 수만큼 숫자가 보이고, 이전에 생성된 결과도 반복해서 확인할 수 있다. 생성된 결과

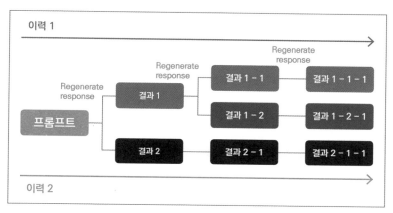

이력 1

Regenerate response

Regenerate response

Regenerate response

프롬프트

결과 1

결과 1 - 1

결과 1 - 1 - 1

결과 1 - 2

결과 1 - 2 - 1

결과 2

결과 2 - 1

결과 2 - 1 - 1

이력 2

▌챗GPT-4 프롬프트 이력의 이해

마다 이력이 생기고, 서로 다른 이력들의 이력들이 각각 생긴다. 생성된 각 이력들은 다른 이력에서 그 결과를 볼 수 없다.

챗GPT 프롬프트는 사용자가 GPT에 질문과 요청을 입력하면 채팅 형식으로 응답을 생성하는 방식이다. 그러므로 챗GPT 활용의 핵심은 프롬프트에 사용자가 입력하는 내용이다. 챗GPT가 좋은 응답을 생성할 수 있도록, 좋은 질문이나 요청을 프롬프트에 입력해야 하는데, 똑똑하게 사용하는 방법을 알아보자.

챗GPT 사용자 질문의 한계가 챗GPT의 한계다. 챗GPT 활용의 핵심은 프롬프트에 사용자의 질문이나 요청 사항을 입력하는 것, 즉 챗GPT에 질문을 잘하는 것이다. 이는 챗GPT를 잘 활용하는 방법의 99%를 차지할 만큼 중요한 요소다. 다음은 챗GPT에서 원하는 결과

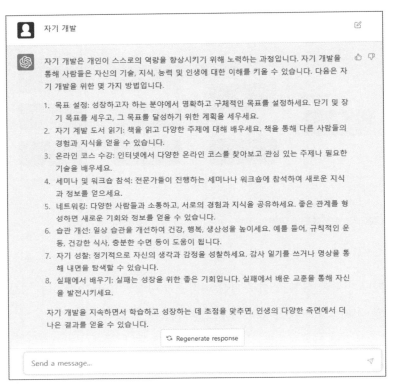

▎챗GPT-4 기본 요청

를 얻기 위한 기본 질문법을 3가지로 정리한 것이다.

첫째, 일단 물어본다. 챗GPT를 사용할 때 완성된 긴 문장을 써야 한다고 생각할 수 있는데, 긴 문장을 쓰지 않아도 된다. 이미 알고 있는 정보들 중에서 한 단어라도 프롬프트에 입력하면 답변을 생성해 주기 때문이다. 물론 프롬프트에 입력하는 내용이 길고 구체적일수록 원하는 결과를 빨리 얻을 수는 있다. 그러나 기존에 검색하던 습관을 그대로 적용해도 된다.

둘째, 추가 질문을 한다. 그래야 더 좋은 답변이 생성된다. 추가 질문에 규칙이 정해져 있는 것은 아니다. 효과적인 답변을 생성하기 위한 추가 질문이란 '이전 질문의 특정 부분을 구체적으로 다시 물어보는 것'을 의미한다. 더 쉬운 답변이 나올 수 있게끔 생성해 달라고 하는 것이다. 그러니까 '쉽게 알려줘' 혹은 '중학교 2학년이 이해할 수 있게끔 알려줘'라고 프롬프트에 입력하면 된다. 이렇게 답변의 수준을 명확하게 할수록 수준에 맞는 답변이 생성된다.

좀 더 응용을 해보는 것도 좋다. 나이, 성별, 역할, 지위 등 아이덴티티를 부여하면, 그에 맞는 답변을 생성한다. 예를 들어 '대학생들에게 자기 개발에 대해서 이야기할 수 있도록 교수 입장에서 말해줘'라고 입력해보자. 그러면 실제로 그럴듯한 답변이 생성된다. 이때 생성된 답변을 그대로 활용하기에는 조금 아쉬울 수 있으니 보완이 필요하다.

다만 사용자의 시간을 효율적으로 줄여주고, 1차 정리 혹은 초안을 대신 해주기 때문에 챗GPT를 활용하면 도움을 얻을 수 있다. '자기 개발'처럼 정확한 정보를 바탕으로 하는 분야인 경우에는 반드시 다른 자료들도 참고해야 한다.

셋째, 짧고 명확하게 질문한다. 긴 문장보다는 짧고 명확한 문장이어야 챗GPT가 한국어를 이해하는 데 도움이 된다. 챗GPT-4는 많은

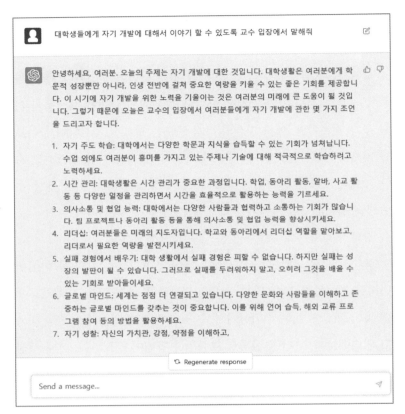

대학생들에게 자기 개발에 대해서 이야기 할 수 있도록 교수 입장에서 말해줘

안녕하세요, 여러분. 오늘의 주제는 자기 개발에 대한 것입니다. 대학생활은 여러분에게 학문적 성장뿐만 아니라, 인생 전반에 걸쳐 중요한 역량을 키울 수 있는 좋은 기회를 제공합니다. 이 시기에 자기 개발을 위한 노력을 기울이는 것은 여러분의 미래에 큰 도움이 될 것입니다. 그렇기 때문에 오늘은 교수의 입장에서 여러분들에게 자기 개발에 관한 몇 가지 조언을 드리고자 합니다.

1. 자기 주도 학습: 대학에서는 다양한 학문과 지식을 습득할 수 있는 기회가 넘쳐납니다. 수업 외에도 여러분이 흥미를 가지고 있는 주제나 기술에 대해 적극적으로 학습하려고 노력하세요.
2. 시간 관리: 대학생활은 시간 관리가 중요한 과정입니다. 학업, 동아리 활동, 알바, 사교 활동 등 다양한 일정을 관리하면서 시간을 효율적으로 활용하는 능력을 기르세요.
3. 의사소통 및 협업 능력: 대학에서는 다양한 사람들과 협력하고 소통하는 기회가 많습니다. 팀 프로젝트나 동아리 활동 등을 통해 의사소통 및 협업 능력을 향상시키세요.
4. 리더십: 여러분들은 미래의 지도자입니다. 학교와 동아리에서 리더십 역할을 맡아보고, 리더로서 필요한 역량을 발전시키세요.
5. 실패 경험에서 배우기: 대학 생활은 실패 경험은 피할 수 없습니다. 하지만 실패는 성장의 발판이 될 수 있습니다. 그러므로 실패를 두려워하지 말고, 오히려 그것을 배울 수 있는 기회로 받아들이세요.
6. 글로벌 마인드: 세계는 점점 더 연결되고 있습니다. 다양한 문화와 사람들을 이해하고 존중하는 글로벌 마인드를 갖추는 것이 중요합니다. 이를 위해 언어 습득, 해외 교류 프로그램 참여 등의 방법을 활용하세요.
7. 자기 성찰: 자신의 가치관, 강점, 약점을 이해하고,

↻ Regenerate response

Send a message...

❚ 챗GPT-4 추가 기본 요청①

데이터셋을 기반으로 하기에 한국어 이해 능력이 좋다. 하지만 이전 버전을 사용한다면 아무래도 영어보다는 이해도가 낮을 것이다. 이 때문에 짧고 명확한 질문을 해야 사용자의 의도를 정확하게 파악하고, 원하는 답을 생성할 수 있다. '자기 개발'이라는 요청보다는 '대학

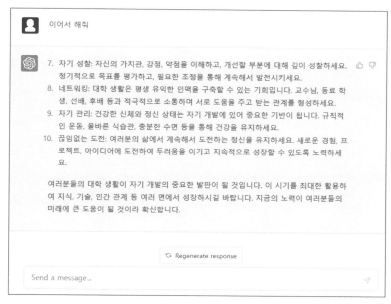

▌챗GPT-4 추가 기본 요청②

생들에게 자기 개발에 대해서 이야기할 수 있도록 교수 입장에서 말해줘'라고 요청하는 것이 챗GPT 입장에서는 더욱 명확한 요청이다.

챗GPT-4를 기준으로 봤을 때 명확한 요청이 무엇인지, 프롬프트에 입력한 결과와 개인적으로 챗GPT-4를 사용한 경험을 바탕으로 살펴보면 다음과 같다.

예를 들어 '사과에 대해서 알려줘'라는 질문보다는 '사과의 영양소가 건강에 좋은 이유를 알려줘'가 구체적인 질문이다. '대한민국의 근현대사에서 역사적인 사건을 하나 설명해줘'라는 질문보다는 '대한민국에서 개최한 2002년 월드컵에 대해서 설명해줘'가 좋다. '온라인 마케팅을 배우기 좋은 방법은 무엇인가?'보다는 '경영학을 전공한 대학생이 온라인 마케팅을 배우기 좋은 온라인 과정을 3개 알려줘'가 적절하다. '제주도 여행할 때 중요한 팁을 알려줘'라는 질문보다는 '5인 가족이 제주도 중문 지역을 5월에 여행할 때 추천할 만한 관광지 3곳과 추천 메뉴 3가지 알려줘'라고 말하는 것이 좋다. 마지막으로 '빵 종류를 알려줘'라는 넓은 범위의 질문보다는 '프랑스에서 가장 인기 있는 3가지 빵 종류는 무엇인가?'라는 구체적인 범위의 질문이 좋다. 구체적인 정보를 요구할수록 챗GPT는 더 정확하고 효과적인 대답을 생성한다.

넷째, 질문과 요청을 분리해서 입력한다. 여러 개의 질문, 여러 개의 요청 또는 질문과 요청을 하나의 문장으로 입력하면 챗GPT의 답변이 명확하지 않다. 예를 들어 '축구와 야구를 잘 하는 방법과 축구와 야구를 했을 때 좋은 점이 무엇인지 알려줘'라고 한 문장으로 질문을 하기보다는 '축구를 잘 하는 방법을 알려줘' '야구를 했을 때 좋은 점이 무엇인지 알려줘'라고 2개로 나눠서 입력하면 원하는 결과를 얻을 가능성이 높다.

다섯째, 오타 없이 입력한다. 일반적으로 데이터셋 학습 때문에 오타가 답변 생성에 영향을 주지 않는 경우도 있다. 다만 잘못된 답변이 생성될 수 있으니 오타를 최대한 줄여서 프롬프트 입력을 하는 것이 좋다.

다음은 챗GPT의 기본 질문인 요청법을 정리한 것이다.

- 1단계: 일단 물어보기
- 2단계: 추가 질문하기
- 3단계: 짧고 명확한 질문하기
- 4단계: 질문과 요청을 분리해서 입력하기
- 5단계: 오타 없는 프롬프트 입력하기

챗GPT를 사용할 때 프롬프트에 좋은 질문이나 요청을 입력해야 좋은 답변이 생성된다. 좋은 질문이나 요청에 절대적인 원칙은 없다. 다만 다음의 5가지를 바탕으로 질문과 요청을 프롬프트에 입력하면 원하는 결과를 얻을 수 있다.

- **명확하게**: 챗GPT 프롬프트에 입력하는 질문이나 요청이 명확해야 한다. 챗 GPT가 사용자가 프롬프트에 입력한 정보를 정확하게 이해하고 사용자가 원하는 정보를 처리할 수 있도록, 질문이나 요청을 명료하게 입력한다.
- **구체적으로**: 사용자가 챗GPT 프롬프트에 질문이나 요청을 입력할 때는 최 대한 구체적으로 정보를 입력해야 좋은 결과가 생성된다.
- **배경 정보 입력**: 챗GPT 프롬프트에 질문이나 요청을 입력할 때 관련된 배경 정보를 함께 제공하면, 챗GPT가 사용자의 의도를 더 잘 이해해서 더 정확하 게 답변을 생성할 수 있다.

○ 간결하게: 사용자가 챗GPT 프롬프트에 입력하는 질문이나 요청은 간결하게 작성해야 효과적이다. 질문이나 요청을 짧고 간결하게 입력하면 챗GPT는 그 요청을 빠르고 정확하게 처리하고, 사용자의 의도에 적합한 대답 및 요청 사항을 수행할 수 있다.

○ 피드백 입력: 위 단계를 거쳐서 질문과 요청을 했지만 챗GPT의 답변이나 요청 사항의 수행 결과가 만족스럽지 않을 수 있다. 이럴 때는 사용자가 피드백을 추가로 입력하면 이전보다 개선된 답변이나 수행 결과를 얻을 수 있다. **프롬프트에 피드백을 입력할 때는 구체적이고 명확해야 한다.**

정리를 해보면 좋은 질문이나 요청을 할수록 사용자의 의도에 가깝고, 정확하며, 효과적인 응답이나 요청 사항을 챗GPT가 생성할 수 있다. 질문이나 요청이 명확하고 구체적이며, 배경 정보를 제공하고, 목적과 요구 사항을 간결하게 명시하고, 생성된 답변이나 수행 결과에 대해서 피드백을 입력하면 좋은 답변이 생성된다.

챗GPT는 기본적으로 '수동적'이라는 점을 염두해야 한다. 챗GPT를 잘 활용하기 위한 팁을 5가지로 정리하면 다음과 같다.

첫째, 채팅창에는 하나의 주제만 질문하거나 요청한다. 하나의 채팅창에 여러 분야의 질문이나 요청을 하면 이력들이 쌓인다. 이는 이후의 질문이나 요청에 영향을 주기 때문에 잘못된 결과를 생성할 수 있다. 챗GPT 왼쪽 채팅 목록들을 클릭하면 해당 채팅 목록으로 이동해서 다시 볼 수 있다. 이 때문에 하나의 채팅창에 하나의 주제로 운

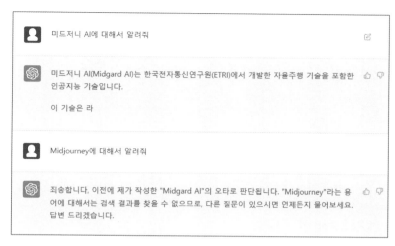

▌채팅창에는 한 가지 주제만 입력하기

영·관리하는 것이 편리하고, 챗GPT를 효과적으로 활용하는 데 상당히 중요하다.

둘째, 챗GPT를 학습시킨다. 챗GPT는 기본적으로 학습한 데이터셋을 기초로 사용자의 질문과 요청에 응답이나 수행 결과를 생성한다. 사용자가 챗GPT 프롬프트에 정보를 입력한 후에 '기억해줘'와 같은 요청을 입력하면, 챗GPT가 프롬프트에 입력한 내용을 기억해서 답변을 생성하고 요청을 수행한다.

셋째, 챗GPT에 역할을 부여한다. 챗GPT에 역할을 부여하면 생성 결과를 사용할 때 유연하고 실용적으로 활용할 수 있다. 상황이나 역할을 지정하면 지정한 상황, 역할에 적합한 답변이나 대화를 할 수 있

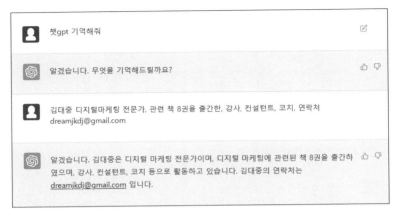

챗gpt 기억해줘

알겠습니다. 무엇을 기억해드릴까요?

김대중 디지털마케팅 전문가, 관련 책 8권을 출간한, 강사, 컨설턴트, 코치, 연락처
dreamjkdj@gmail.com

알겠습니다. 김대중은 디지털 마케팅 전문가이며, 디지털 마케팅에 관련된 책 8권을 출간하
였으며, 강사, 컨설턴트, 코치 등으로 활동하고 있습니다. 김대중의 연락처는
dreamjkdj@gmail.com 입니다.

▌**챗GPT 학습시키기**

다. 예를 들면 토론 상대자나 면접자, 교사, 여행 가이드, 마술사 등 사
람의 역할은 물론이고 엑셀, 리눅스, 자바스크립트 등 사람이 아닌 역
할을 부여해 챗GPT와 대화를 할 수 있다. '끝말잇기'나 '한 문장씩 이
어 말하기' 등과 같이 프롬프트를 입력하면 챗GPT와 시간을 보내며
놀 수도 있다. 이와 관련해서 챗GPT 개발자나 사용자들이 다양한 실
험을 하고 있다.[3] 챗GPT에 역할을 지정할 수 있고, 지정된 역할로 챗
GPT는 계속 질문에 답변하고 요청을 수행할 수 있다.

넷째, 형식을 요청한다. 챗GPT에 역할을 요청할 수 있기 때문에
형식을 요청할 수도 있다. 형식은 연설문, 편지, 보고서뿐만 아니라 글
자 수를 정해서 요청할 수 있다. 챗GPT의 생성 결과를 어디에 활용할
지에 따라, 형식을 지정해서 요청할 수 있다. 챗GPT를 자주 사용한다

너는 온라인마케팅 고객사 CMO야. 너는 나에게 새로운 대행사를 찾기 위해 인터뷰를 할꺼야. 내 경력, 성과에 대해 인터뷰 할거야. 내가 작업한 프로젝트, 내가 달성한 성과 및 내 주장을 뒷받침하는 증거를 자세히 조사해줘. 나를 인터뷰 한 후에, 우리는 수집한 정보를 토대로 회사소개서와 제안서를 작성할거야

안녕하세요! 저는 ChatGPT입니다. 당신의 경력과 성과에 대해 자세히 알아보고자 합니다. 아래 질문들을 통해 당신에 대해 더 잘 이해하고자 합니다.

1. 지금까지 어떤 직장에서 근무하셨나요? 그리고 그곳에서 어떤 역할을 맡았나요?
2. 어떤 온라인 마케팅 전략과 캠페인을 수행한 경험이 있으신가요? 간단한 예시를 들어주시면 감사하겠습니다.
3. 가장 자랑스러운 프로젝트나 성과는 무엇인가요? 그 프로젝트나 성과를 이루기 위해 어떤 전략을 사용했나요?
4. 가장 큰 도전을 이겨낸 경험이 있나요? 도전과정에서 어떤 전략을 사용하셨고 어떻게 극복하셨나요?
5. 귀사의 고객사와 협력할 때 어떤 방식으로 커뮤니케이션하시나요?
6. 마케팅 캠페인의 성과를 측정하는 데 어떤 지표를 사용하시나요?
7. 성과를 뒷받침하는 증거로 어떤 데이터나 자료를 제공할 수 있나요? 예를 들어, 성공한 캠페인의 전후를 비교할 수 있는 판매 증가율이나 웹사이트 트래픽 증가 등이 있을까요?

이 질문에 대한 답변을 토대로 회사소개서와 제안서를 작성하는 데 도움이 될 것입니다. 언제든지 추가적인 정보를 제공해주시면 감사하겠습니다.

❚ 챗GPT 역할 부여하기

면 이 팁은 생각보다 유용하다.

　다섯째, 명령을 한다. 챗GPT는 사용자가 프롬프트에 질문이나 요청 사항을 입력하면 답변을 생성하거나 요청 사항을 수행하는 관계다. 수평 관계가 아닌, 일종의 수직적인 관계로 이해하고 활용하면 된다. 수직적인 관계에서 쓸 수 있는 명령어들을 프롬프트에 입력하면 챗GPT가 더욱 잘 작동한다. 챗GPT는 질문이나 요청에 반응하기보다는 사용자의 명령에 더 정확하게 반응하며, 대답이나 결과를 생성

해준다.

챗GPT 사용의 핵심이 무엇인지 여러 번 언급했다. 사용자가 프롬프트에 질문 또는 요청 사항을 입력하고, 이에 대한 답변과 수행 결과를 보여주는 과정을 반복하면서 사용자의 의도에 맞는 답변, 수행 결과를 찾는 과정이라고 말이다. 챗GPT를 잘 사용하려면 프롬프트 입력을 잘 해야 한다. GPT에 질문과 요청 사항을 잘 입력할수록 추가 질문의 수가 줄어들기 때문에 잘 사용할 수 있다.

프롬프트 입력에 정해진 규칙은 따로 없다. 다만 어떻게 하면 챗GPT가 생성하는 결과가 효과적으로 생성되는지 참고할 만한 사항은 있다. 51페이지 예제 템플릿을 참고해서 필요시 예제를 입력하면 즉시 사용할 수 있다. 다음 프롬프트는 홈페이지(www.onlinemarketinglab.co.kr)에서 다운로드할 수 있으며, 프롬프트는 지속적으로 업데이트될 예정이다. 특정 분야나 업무에 상관없이 챗GPT를 사용할 때 즉시 사용할 수 있는 GPT의 명령어, 의미, 명령어 사용 예제를 참고하는 것이 좋다.

템플릿을 복사하거나 수정하면 사용자의 의도에 맞는 질문이나 요청을 GPT에 전달할 수 있다. 명령어 템플릿을 활용해서 질문과 요청을 GPT에 전달할 수 있다. 질문이나 요청 및 명령어를 수정, 조합하고 적절한 배경 정보를 프롬프트에 입력하면 정확한 답변과 수행 결과를 얻을 수 있다.

일반 사용자를 위한 프롬프트 명령어 템플릿 10가지를 보자.

명령어	의미	사용 예제
요약해줘	텍스트 내용의 요약을 요청	책의 내용을 요약해줘
		(긴 문장 입력 후) 요약해줘
알려줘	특정 주제에 대한 정보 요청	전기차의 작동 원리를 알려줘
		독도의 역사를 알려줘
비교해줘	2가지 이상의 항목 비교 분석	아이폰13과 갤럭시S23을 비교해줘
		아이가 있는 가족이 제주도와 부산을 놀러 가기에 어떠한지 비교해줘
예를 들어줘	특정 주제에 대한 예시 제공	건강에 도움이 되는 운동의 예를 들어줘
		환경에 도움이 되는 활동 예시를 들어줘
설명해줘	어떤 개념이나 기술 설명 요청	중력에 대해 설명해줘
		챗GPT의 상호작용에 대해 설명해줘
작성해줘	특정 주제로 텍스트 작성 요청	커피의 장단점을 작성해줘
		K리그 구단을 소개하고 구단의 역사를 작성해줘
번역해줘	다른 언어로 텍스트, 문장 번역 요청	영어로 번역해줘
		아랍어로 번역해줘
조언해줘	상황에 대한 조언 요청	시간 관리에 대해 조언해줘
		여름철 건강 관리에 대해 조언해줘
리스트 만들어줘	주제에 대한 리스트 작성	여름에 건강에 좋은 음식 10가지 리스트를 만들어줘
		브랜딩에 참고할 만한 책 10권 리스트를 만들어줘
아이디어 제시해줘	주제에 대한 아이디어 제안	온라인 창업 아이디어 5가지를 제시해줘
		유튜브 영상 제목 10가지를 제시해줘

❚ 프롬프트 명령어 템플릿

항목	명령어	사용 예제
특정 주제	관련 업무 절차를 설명해줘	청구서 처리 관련 업무 절차를 설명해줘
		프로젝트 마무리 처리 관련 업무 절차를 설명해줘
	주요 안건을 작성해줘	프로젝트 주요 안건을 작성해줘
		이 회의의 주요 안건을 작성해줘
	브레인스토밍 아이디어를 제공해줘	온라인 캠페인에 대한 브레인스토밍 아이디어를 제공해줘
		이 제품에 대한 브레인스토밍 아이디어를 제공해줘
업무	도움이 될 만한 자료를 추천해줘	프로젝트에 도움이 될 만한 자료를 추천해줘
		HR 업무에 도움이 될 만한 자료를 추천해줘
	필요한 자료 및 정보를 찾아줘	우리 분야의 분석에 필요한 자료 및 정보를 찾아줘
		경쟁사 분석에 필요한 자료 및 정보를 찾아줘
업무 상황	이메일 작성 템플릿을 작성해줘	고객문의에 대한 답변 이메일 작성 템플릿을 작성해줘
		휴가 신청을 위한 이메일 작성 템플릿을 작성해줘
	효과적인 의사소통 방법을 알려줘	원격근무 중에 효과적인 의사소통 방법을 알려줘
		온라인 회의 때 효과적인 의사소통 방법을 알려줘
상황	적합한 프레젠테이션 작성 팁을 알려줘	온라인 회의에서 적합한 프레젠테이션 작성 팁을 알려줘
		온라인 회의 준비에 필요한 팁을 알려줘
	~에 대한 해결 방안을 제시해줘	고객 커뮤니케이션 문제를 해결하기 위한 방안을 제시해줘
		프로젝트 지연에 대한 해결 방안을 제시해줘
업무 도구	사용법을 알려줘	슬랙 사용법을 간단하게 알려줘
		노션 사용법을 간단하게 알려줘
프로젝트	계획 및 일정을 작성해줘	온라인 마케팅 캠페인 계획 및 일정을 작성해줘
		홈페이지 제작 계획 및 일정을 작성해줘
목표	~달성하기 위한 우선순위를 정해줘	올해 매출 달성을 위한 우선순위를 정해줘
		KPI를 달성하기 위해 해야 할 업무의 우선순위를 정해줘

▎**프롬프트 문장 템플릿**

52페이지 도표는 업무에 바로 사용할 수 있는 챗GPT 프롬프트 문장 템플릿이다. 예제를 복사해서 사용하거나 수정하면 GPT에 도움을 받을 수 있는 질문과 요청을 전달할 수 있다. 이는 업무 효율성을 높이고, 정보를 빠르게 찾아서 처리하는 데 유용하게 활용할 수 있다. 업무에 도움이 될 만한 예제를 기억해두면 유용하다.

○ ● ○

크롬 브라우저에서 챗GPT를 활용할 때 유용한 확장 프로그램이 있다. 이번 3장
에서는 확장 프로그램의 종류와 사용법을 알아본다. 그리고 확장 프로그램을 사용
하는 중에 오류가 발생했을 때 어떻게 해결하는지 방법도 살펴본다.

3장

챗GPT 활용을 편하게 하는
크롬 확장 프로그램

크롬에서 챗GPT
200% 활용하기

챗GPT는 브라우저에 주소를 입력한 뒤 사이트에 방문해서 이용할 수 있다. 인터넷에 접속할 수 있는 브라우저는 여러 종류가 있는데 그중 크롬Chrome[4] 브라우저를 사용하는 사람들이 많다. 크롬은 브라우저에 확장 프로그램을 추가해서 기본적인 기능 외에 다른 기능도 활용할 수 있다. 마치 스마트폰에 앱을 다운로드할 수 있는 것과 같은

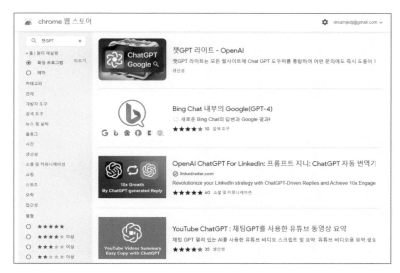

▍크롬 웹스토어에서 '챗GPT'로 확장 프로그램을 검색한 화면

❙ 구글에서 '크롬 웹스토어'를 검색한 화면

원리다.

챗GPT도 크롬 브라우저에서 확장 프로그램을 추가해 다양한 방식으로 활용할 수 있다. 챗GPT 사이트에 접속하지 않고도 브라우저에서 챗GPT를 활용할 수도 있다. 그러므로 챗GPT를 자주, 그리고 많이 사용한다면 확장 프로그램을 추가하는 것이 좋다. 이때 주의할 점은 크롬 확장 프로그램 중에는 오픈AI에서 공식적으로 제공하는 것이 아닌, 개인이나 제3자가 제작한 것도 있으므로 사용할 때 주의해야 한다. 이용 약관, 개인 정보 취급방침, 해킹 위험 등을 미리 확인한 후 사용해야 한다.

챗GPT 크롬 확장 프로그램을 사용하면 챗GPT 활용도를 높일 수 있다. 크롬 브라우저에 확장 프로그램을 추가하는 방법은 '크롬 웹스

│ 네이버에서 '크롬 웹스토어'를 검색한 화면

토어에 접속 → 챗GPT 확장 프로그램 검색 → 크롬에 추가 → 옵션
설정' 또는 '챗GPT 확장 프로그램 주소로 접속 → 크롬에 추가 → 옵
션 설정' 순서로 따라 하면 된다.

크롬 웹스토어에 접속하려면 먼저 구글 계정이 있어야 한다. 구글
계정은 일반적으로 지메일gmail 계정을 사용한다. 구글 계정을 만드는
방법은 온라인 사이트에 회원 가입하는 과정과 비슷하다.

그런 다음 크롬 웹스토어에 접속한다. 구글, 네이버 등 검색 엔진
이나 포털 사이트에 '크롬 웹스토어'라고 검색하면 쉽게 접속할 수 있
다. 접속한 후에 검색창에 'GPT' 또는 'ChatGPT' 키워드를 입력하고,
'확장 프로그램' 옵션을 선택해서 검색한다. 그러면 확장 프로그램 목

록을 확인할 수 있다. 참고로 크롬 확장 프로그램은 무료로 사용 가능하다.

챗GPT 포 크롬, 자세히 알아보기

크롬에서 챗GPT의 응답을 볼 수 있다. 검색 엔진의 검색 결과, 화면 오른쪽에서 챗GPT 응답을 볼 수 있다. 챗GPT 화면 설정에서 'Question' 옵션을 선택하면, 물음표가 들어간 검색어나 검색 문장인 경우에만 챗GPT가 응답하는 설정을 할 수 있다.

'챗GPT 포 크롬ChatGPT For Chrome' 확장 프로그램에서 '크롬에 추가'를 클릭한다. 크롬 브라우저에 추가한 다음 'ChatGPT에 로그인'을 클릭하면 챗GPT 창이 보인다. 챗GPT에 질문을 입력해도 챗GPT에서 확인할 수 있는 응답과 동일한 응답을 확인할 수 있을 것이다. 구글 검색창에 검색 키워드를 입력하면, 구글 검색과 챗GPT 응답을 함께 확인할 수 있다.

구글에 '챗GPT에 대해서 알려줘'라고 검색하면 구글 검색 결과와 챗GPT 응답을 같은 화면에서 확인할 수 있다. 'Question' 옵션을 설정한 후에 물음표를 포함한 검색과 물음표가 없는 검색을 하면 차

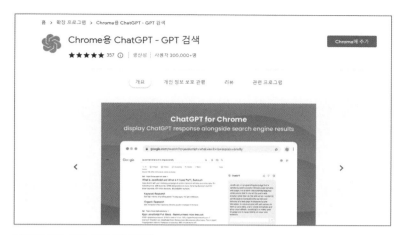

▌ 챗GPT 포 크롬 확장 프로그램

이를 확인할 수 있다. 일부 키워드 중에는 물음표를 넣어도 챗GPT
의 응답이 생성되지 않는 경우도 있다. 주로 단순한 키워드일 경우에
그렇고, 문장이라면 응답이 생성된다. 이외에도 화면을 '다크Dark' 모
드나 '라이트Light' 모드로 선택할 수 있는데, 대부분은 기본 선택인 '오
토Auto' 모드로 설정한다.

네이버에서 챗GPT 확장 프로그램을 실행시키는 방법은 크롬과
동일하다. 구글, 네이버 등 검색 엔진 사이트에서는 검색어와 연동되
어 응답이 생성된다. 확장 프로그램은 크롬 브라우저에서 챗GPT를
사용할 수 있도록 하는 확장 프로그램이므로, 크롬 브라우저에서 확
장 프로그램을 실행하면 오른쪽 상단에 챗GPT를 실행할 수 있다.

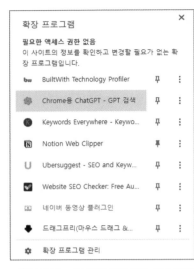

▌챗GPT 포 크롬 확장 프로그램 추가 완료 ▌챗GPT 포 크롬 확장 프로그램 실행

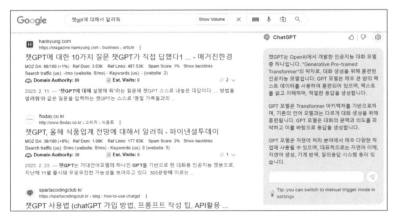

▌챗GPT 포 크롬 실행 화면

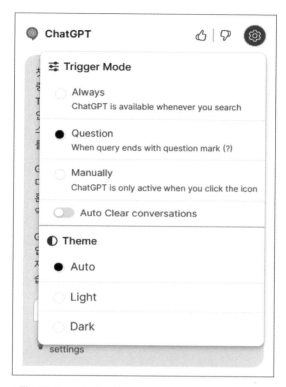

❚ 챗GPT 포 크롬 설정 화면

❚ 챗GPT 포 크롬 설정 후 화면

▌챗GPT 포 크롬 'Question' 설정 후 화면

▌챗GPT 포 크롬 네이버 검색 화면

┃ 챗GPT 포 크롬 'Question' 설정 후 네이버 검색 화면

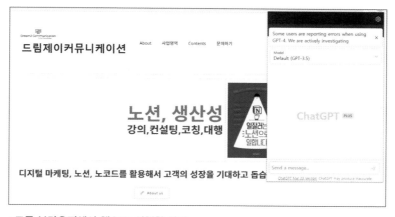

┃ 크롬 브라우저에서 챗GPT 실행한 화면

프롬프트 지니란 무엇인가?

챗GPT-4는 한국어로 질문하거나 요청해도 응답을 빠르게 생성해 준다. 챗GPT에 질문이나 요청을 영어로 했다면 자동으로 번역해주는 확장 프로그램을 실행시켜서 확인할 수 있다.

크롬 웹스토어에서 '프롬프트 지니'를 검색하면 확장 프로그램을 확인할 수 있다. '크롬에 추가'를 클릭해서 크롬 브라우저에 추가한다. 챗GPT 사이트(chat.openai.com)에 접속하면 프롬프트 입력창이 변경

▌프롬프트 지니

되어 있다. '프롬프트 지니가 자동으로 번역을 해드릴게요!'라는 소개 텍스트와 함께 프롬프트 입력창 디자인도 변경되어 있다.

만약 '챗GPT가 무엇인지, 중학교 2학년 학생이 이해할 수 있게끔 설명해줘'라고 영어로 질문하면, 답변이 영어로 먼저 생성되고 번역된 내용이 자동으로 생성된다. 번역은 답변이나 수행 결과에 따라 다르지만 참고 자료로 쓰기에는 어색하지 않다.

프롬프트 지니(챗GPT 자동 번역기) 확장 프로그램에는 '자동 번역' 옵션이 있다. 자동 번역은 수행 결과로 생성된 내용을 자동으로 번역해주는 기능이다. 확장 프로그램을 실행하면 자동 번역 옵션이 활성화되어 있거나 비활성화되어 있으므로 확인해야 한다.

┃ 변경된 챗GPT 프롬프트

┃ 프롬프트 지니 확장 프로그램 입력창

ChatGPT is a very smart computer program created by a team of scientists and engineers at a company called OpenAI. This program can read, write, and understand human language like English. Think of it like a super-powered robot that can have conversations with people, answer questions, and even help with homework!

The brain of ChatGPT is made up of lots of little building blocks called "neurons." These neurons are organized in a special way to form a "neural network." This network learns from lots of examples, kind of like how you learn in school. By looking at tons of sentences and words, ChatGPT learns to understand and create sentences in English.

ChatGPT can be really helpful for many things, like answering questions, helping people write stories, or even teaching us new things. But remember, it's just a computer program, so it doesn't have feelings like we do. And sometimes, it might not give the perfect answer, but it's always learning and getting better!

번역결과

ChatGPT는 OpenAI라는 회사의 과학자 및 엔지니어 팀이 만든 매우 스마트한 컴퓨터 프로그램입니다. 이 프로그램은 영어와 같은 인간의 언어를 읽고 쓰고 이해할 수 있습니다. 사람들과 대화하고, 질문에 답하고, 숙제를 도와줄 수 있는 초강력 로봇이라고 생각하세요!

ChatGPT의 두뇌는 "뉴런"이라고 불리는 수많은 작은 빌딩 블록으로 구성되어 있습니다. 이러한 뉴런은 "신경망"을 형성하기 위해 특별한 방식으로 구성됩니다. 이 네트워크는 학교에서 배우는 것과 같은 많은 예에서 배웁니다. 수많은 문장과 단어를 보면서 ChatGPT는 영어 문장을 이해하고 만드는 법을 배웁니다.

ChatGPT는 질문에 답하고, 사람들이 이야기를 쓰도록 돕고, 심지어 새로운 것을 가르치는 등 많은 일에 정말 도움이 될 수 있습니다. 하지만 이것은 컴퓨터 프로그램일 뿐이므로 우리와 같은 감정이 없다는 것을 기억하십시오. 때로는 완벽한 답을 제공하지 못할 수도 있지만 항상 학습하고 개선되고 있습니다!

⟳ Regenerate response

프롬프트 지니가 자동으로 번역을 해드릴게요!

⬤ 자동 번역 Alt T   번역 미리보기 Ctrl Enter

ChatGPT Mar 23 Version. ChatGPT may produce inaccurate information about people, places, or facts

❙ 프롬프트 지니 실행 결과

웹챗GPT,
인터넷 액세스가 가능한 챗GPT

챗GPT-4의 치명적인 한계는 앞서 언급한 것처럼 2021년 9월까지의 데이터셋만 학습했고, 이를 기반으로 답변이나 수행 결과를 생성한다는 점이다. 최근의 정보나 자료들이 반영되지 않아서 이를 보완하기 위해 확장 프로그램을 사용하면 최근 데이터도 검색해서 요약해준다.

크롬 웹스토어에서 '웹챗GPT WebChatGPT'를 검색하면 볼 수 있다. '크롬에 추가'를 클릭해서 크롬에 확장 프로그램을 추가한다. 웹챗 GPT 확장 프로그램을 추가하면 챗GPT 하단 입력창에 'Web access' 옵션이 보인다. 프롬프트 입력창에 '/'로 추가 옵션을 활용할 수 있다. '/site:' 옵션은 검색 결과를 특정 사이트로 제한할 때 사용하고, '/page:' 옵션은 특정 웹페이지의 내용을 가져올 때 사용할 수 있다.

'전기자동차'를 현대자동차 홈페이지에서 검색한다고 가정해보자. '/site: https://www.hyundai.co.kr 전기자동차'를 프롬프트에 입력하면, 해당 사이트에서 검색한 결과와 챗GPT의 답변이 생성된다. 또한 '/page: https://www.kfa.or.kr/archive/national.php?sec=man&div =TV9GSUZBX05U 한국팀 성적'을 프롬프트에 입력하면, 대한축구협회의 아카이브 페이지에서 '한국팀 성적'을 검색한 결과와 챗GPT의

답변이 생성된다. 웹서치Web Search 옵션은 비활성화될 수 있으니 필요
에 따라 활성화와 비활성화 옵션을 선택하면 된다.

▌웹챗GPT 확장 프로그램

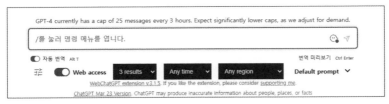

▌웹챗GPT 확장 프로그램 실행 후 프롬프트

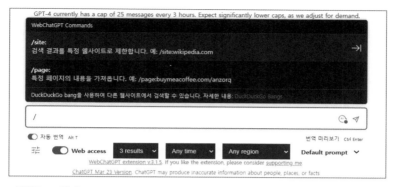

▌웹챗GPT 확장 프로그램 옵션

▌웹챗GPT 웹서치 검색 결과

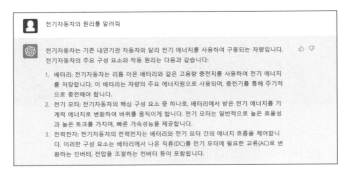

▎웹챗GPT 응답 결과

▎웹챗GPT 'site' 옵션

[1] "KFA, 대한축구협회, Korea Football Association"
URL: https://www.kfa.or.kr/archive/national.php?sec=man&div=TV9GSUZBX05U

[2] "KFA, 대한축구협회, Korea Football Association"
URL: https://www.kfa.or.kr/archive/national.php?sec=man&div=TV9GSUZBX1UtMTc=

[3] "AFC U23 아시안 컵. FIFA U20 월드컵. AFC U20 아시안 컵. FIFA U17 월드컵. AFC U17 아시안 컵. 연도. 개최지. 우승. 준우승."
URL: https://www.kfa.or.kr/archive/national.php?sec=man&div=TV9GSUZBX05U

Current date: 2023. 4. 6.

Instructions: Using the provided web search results, write a comprehensive reply to the given query. Make sure to cite results using [[number](URL)] notation after the reference. If the provided search results refer to multiple subjects with the same name, write separate answers for each subject.
Query: /page: https://www.kfa.or.kr/archive/national.php?sec=man&div=TV9GSUZBX05U 한국팀 성적
Reply in 한국어

▋ 웹챗GPT 'page' 옵션

AIPRM 포 챗GPT란 무엇인가?

'AIPRM 포 챗GPT AIPRM for ChatGPT'는 미리 설정한 템플릿에 맞는 결과물을 생성할 수 있는 확장 프로그램이다. 예를 들어 유튜브용 스크립트를 만들고 싶을 때, 인스타그램용 설명이나 해시태그 등을 만들고 싶을 때 AIPRM 포 챗GPT에서 해당 템플릿을 선택하고 몇 가지

▌AIPRM 포 챗GPT 확장 프로그램

▌AIPRM 포 챗GPT Topic 설정

설정만 하면 GPT가 템플릿에 맞춰서 생성해준다.

사용자는 생성된 결과물을 필요에 따라 편집해서 사용할 수 있다. 크롬 웹스토어에서 'AIPRM for ChatGPT'를 검색하면 확장 프로그램을 찾을 수 있다. '크롬에 추가'를 클릭해서 추가하고, 구글 계정을 연결한다. 프롬프트에 '아웃풋

74

인Output in'옵션이 있는데 이는 생성된 결과를 어떤 언어로 생성할 것인지를 설정하는 것이다. 여기에 '한국어' 옵션도 있으니 사용하기에 좋다. 그 외에 '톤Tone', '라이팅 스타일Writing Style' 옵션도 있다. 상단에 '토픽Topic' 옵션을 활용하면 업무에 맞게 곧바로 생성된다.

'제주도 여행'이라는 키워드로 'Keyword Strategy(키워드 전략)' 템플릿을 선택하고 GPT에 입력하면, 명령을 수행해서 결과를 생성한다. 바로 가져다 쓰기에 어색한 부분도 있지만, 약간의 수정만 하면 완성도 높은 키워드 전략으로 웹페이지에 활용할 수 있다.

유튜브 영상 제작에 도움을 받을 수 있는 템플릿도 있다. 바로

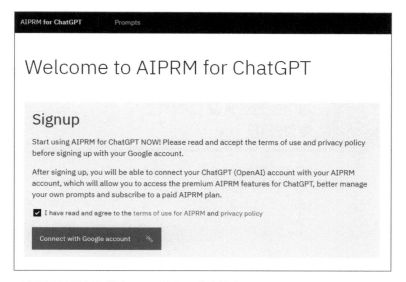

AIPRM 포 챗GPT 확장 프로그램 구글 계정 연결

▌AIPRM 포 챗GPT 설정

'YouTube Script Creator(유튜브 스크립트 크리에이터)'다. 템플릿을 선택한 후에 프롬프트에 '제주도 여행'이라는 키워드를 입력하면 스크립트를 생성해준다. 생성된 결과물이 괜찮은 수준이다. 장면과 멘트까지 생성해주므로 기본 스크립트로 활용하기에 충분하다. 생성된 결과물의 번역이 필요하다면, 프롬프트 지니를 활용해 번역도 가능하다.

 보이스 컨트롤 포 챗GPT란 무엇인가?

'Voice Control for ChatGPT(보이스 컨트롤 포 챗GPT)'는 챗GPT에 음성으로 질문이나 수행을 명령하면 챗GPT가 읽어주는 기능을 하는 확장 프로그램이다. 크롬 웹스토어에서 'Voice Control for ChatGPT'를 검색하면 해당 확장 프로그램 소개 페이지를 볼 수 있다. '크롬에

▌ AIPRM 포 챗GPT 'Public'

'추가'를 클릭하면 크롬에 확장 프로그램이 추가된다. 확장 프로그램을 추가한 후에 GPT를 새로고침하면, 프롬프트에 마이크 표시가 나타난다.

그리고 GPT 프롬프트에 입력할 언어를 설정한다. 마이크 연결에 문제가 없다면, 마이크 버튼을 클릭해서 입력하면 된다. 결과를 읽어주는 옵션을 '온/오프On/Off'로 설정한다. 또한 '보이스 컨트롤 포 챗GPT'를 숨기거나 읽는 속도 등을 설정할 수 있는 옵션도 있다. 적합한 옵션을 선택해 활용하면 유용하다.

keyword cluster	keyword	search intent	title	meta description
여행 준비	제주도여행 예약	commercial	"제주도여행 예약, 지금 바로 할인 혜택 받으세요"	"제주도여행 예약은 지금 바로 할인 혜택을 받으세요. 깨끗하고 편안한 숙소에서 즐거운 여행을 즐기세요."
여행 준비	제주도여행 가이드	informational	"제주도여행 가이드, 제주도 여행지 추천"	"제주도여행 가이드를 통해 제주 여행지를 추천받으세요. 제주도의 아름다운 자연경관과 역사문화를 만끽하세요."
여행 준비	제주도여행 코스	informational	"제주도여행 코스, 제주도 일주하기 가장 좋은 시기"	"제주도여행 코스를 통해 제주 일주하기 가장 좋은 시기와 루트를 알아보세요. 제주도의 아름다운 풍경을 즐기며 여행을 즐기세요."
숙소	제주도여행 숙소	commercial	"제주도여행 숙소, 최저가로 예약하세요"	"제주도여행 숙소를 최저가로 예약하세요. 제주도의 아름다운 풍경을 바라보며 편안한 휴식을 취하세요."

▌AIPRM 포 챗GPT 'Keyword Strategy' 템플릿

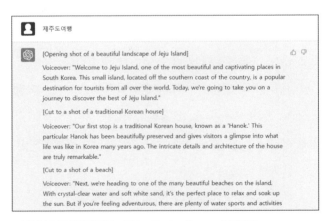

▌AIPRM 포 챗GPT 'YouTube Script Creator' 템플릿

┃ 보이스 컨트롤 포 챗GPT

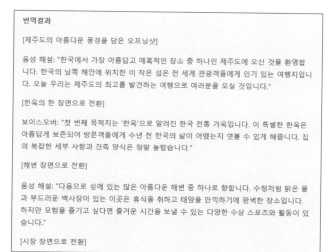

┃ AIPRM 포 챗GPT 'YouTube Script Creator' 번역

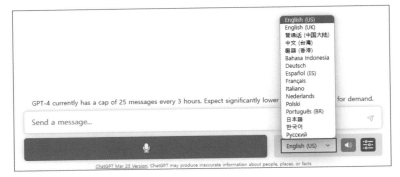

▎보이스 컨트롤 포 챗GPT 언어 설정

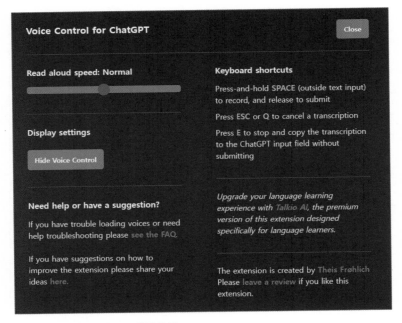

▎보이스 컨트롤 포 챗GPT 설정 옵션

유튜브 서머리 위드 챗GPT란 무엇인가?

'YouTube Summary with ChatGPT(유튜브 서머리 위드 챗GPT)'란 유튜브 영상의 스크립트를 챗GPT를 활용해 요약하고 싶을 때 사용되는 확장 프로그램이다. 크롬 웹스토어에서 검색하면 확장 프로그램 소개 페이지로 이동한다. '크롬에 추가'를 클릭해서 크롬에 추가할 수 있다.

'Install on Chrome'을 클릭해서 확장 프로그램을 추가한 후에 유튜브를 방문한다. 그다음 요약하려는 영상을 플레이하면, 영상의 오

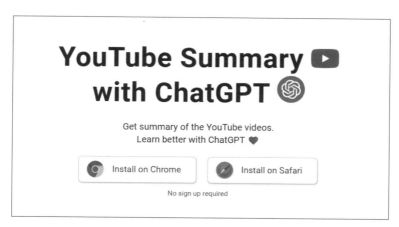

▍유튜브 서머리 위드 챗GPT 'Install on Chrome'

른쪽 하단에 'Transcript&Summary'가 나타나는데 이를 클릭하면 영상 타임스탬프가 보인다. 영상 타임스탬프에 시간을 클릭하면 영상이 해당 시간대로 이동한다. 타임스탬프 오른쪽 상단의 복사 아이콘을 클릭해서 챗GPT 프롬프트에 입력하면 스크립트 내용을 요약해준다.

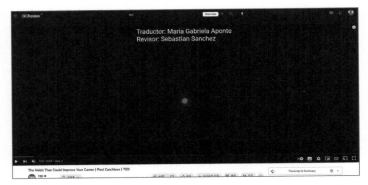

▎유튜브 서머리 위드 챗GPT 영상 오른쪽 하단의 'Transcript&Summary'

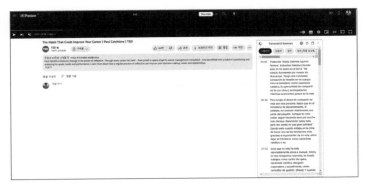

▎유튜브 서머리 위드 챗GPT 타임스탬프

▌유튜브 서머리 위드 챗GPT 타임스탬프

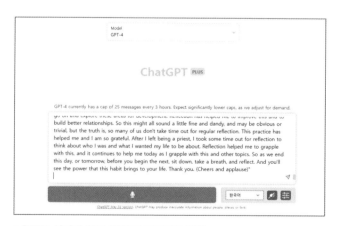

▌유튜브 서머리 위드 챗GPT 프롬프트 입력

셰어GPT란 무엇인가?

'ShareGPT(셰어GPT)'는 챗GPT의 내용을 다른 사람과 공유할수 있는 확장 프로그램이다. 챗GPT 내용을 공유하기 어렵거나 많은 사람들에게 공유해야 할 경우에 유용하다. 크롬 웹스토어에서 'ShareGPT'를 검색하거나 공식 사이트(sharegpt.com)에서 확장 프로그램을 추가할 수 있다. 이때 '크롬에 추가'를 클릭하면 된다.

▌셰어GPT 확장 프로그램 소개 페이지

확장 프로그램을 추가하면 챗GPT 화면 하단에 버튼이 생성된다. 'Share' 버튼을 클릭하면 챗GPT의 화면 내용을 볼 수 있는 주소가 생성된다. 생성된 공유 주소를 복사할 수 있는 카피 Copy, 북마크된 횟수를 확인할 수 있는 북마크 아이콘, 뷰 수를 확인할 수 있는 뷰 아이콘으로 구성되어 있다.

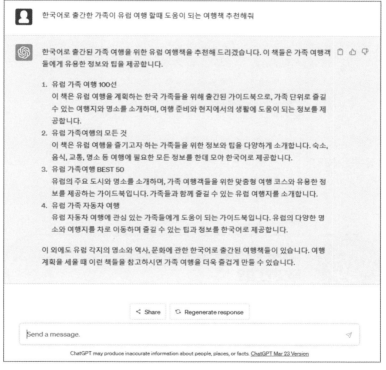

▮ 셰어GPT 확장 프로그램 추가

■ 공유된 챗GPT

챗GPT 프롬프트 지니어스란 무엇인가?

　'ChatGPT Prompt Genius(챗GPT 프롬프트 지니어스)'란 챗GPT 화
면을 일부 설정할 수 있고, 내용을 PDF나 마크다운으로 내보내기 할

수 있는 확장 프로그램 이다. 챗GPT 화면의 폰트와 테마를 변경할 수 있고, 내용을 PDF로 만들거나 마크다운으로 내보내기 해서 블로그나 웹페이지에 활용할 수 있다.

챗GPT 프롬프트 지니어스 확장 프로그램 메뉴

크롬 웹스토어에서 다음 'ChatGPT Prompt Genius'를 검색하면 확장 프로그램을 크롬에 추가할 수 있다. 이때 '크롬에 추가'를 클릭한다. 확장 프로그램을 추가하면, 챗GPT 화면 왼쪽에 'Share&Export' 메뉴가 생성된다.

생성된 메뉴를 보면 PDF, PNG, md(마크다운), Share Link(공유 링크)를 만들 수 있는 기능이 있다. 원하는 메뉴를 클릭하면 선택한 챗GPT 창을 PDF, 이미지, 마크다운으로 내보내기를 하거나 공유할 수 있다. 챗GPT 창의 내용을 프린트해야 할 때, PPT 같은 파일에 첨부해야 할 때, 블로그나 웹페이지에 활용할 때 유용하다.

❚ 챗GPT 프롬프트 지니어스 확장 프로그램을 챗GPT에 추가한 화면

토크-투-챗GPT란 무엇인가?

　'Talk-to-ChatGPT(토크-투-챗GPT)'는 챗GPT와 회화를 할 수 있는 확장 프로그램이다. 확장 프로그램을 설치한 후에 챗GPT를 재실행하면 오른쪽 상단에 챗GPT와 영어 회화를 할 수 있는 프로그램이 뜬다. 이때 마이크가 연결되어 있으면 할 수 있다.

　크롬 웹스토어에서 'Talk-to-ChatGPT'를 검색해서 확장 프로그램을 추가할 수 있다. 이때 '크롬에 추가'를 클릭한다. 확장 프로그램을 추가하면 챗GPT 오른쪽 상단에 대화할 수 있는 프로그램이 실행

된다. 프로그램 실행 후에 마이크에 대고 대화할 수 있다.

이 확장 프로그램은 영어 회화를 위한 확장 프로그램은 아니다. 프로그램 이름처럼 챗GPT와 대화할 수 있는 확장 프로그램이다. 대화를 영어로 할 수 있고, 스페인어, 일본어, 중국어 등 언어를 설정하면 해당 언어로 챗GPT와 대화할 수 있다.

┃ 토크-투-챗GPT 확장 프로그램 소개 페이지

확장 프로그램 오류를 해결하는 방법

크롬 브라우저에서 챗GPT 활용도를 높일 수 있는 확장 프로그램을 살펴보았다. 챗GPT를 크롬 브라우저에서 실행하게 하는 확장 프로그램은 앞으로도 계속 생기고 또 사라질 것이다.

확장 프로그램은 챗GPT를 유용하고 편리하게 활용할 수 있도록 도와준다. 다만 확장 프로그램을 크롬 브라우저에 추가할 때 개인 정보나 해킹의 위험성이 있다는 것을 염두하고 활용해야 한다. 따라서 사용자 수, 사용자 리뷰와 별점 등을 고려해 인증된 확장 프로그램을 활용해야 조금이라도 안전하다.

확장 프로그램

전체 액세스
이 사이트의 정보를 확인하고 변경할 수 있는 확장 프로그램입니다

Google 번역	📌	⋮
Keywords Everywhere - Ke...	📌	⋮
Ubersuggest - SEO and Ke...	📌	⋮
Voice Control for ChatGPT	📌	⋮
Website SEO Checker: Free...	📌	⋮
YouTube Summary with Ch...	📌	⋮

액세스가 요청됨
사이트 액세스를 허용하려면 확장 프로그램을 클릭하세요.

Notion Web Clipper	📌	⋮
네이버 동영상 플러그인	📌	⋮
⚙ 확장 프로그램 관리		

❚ 크롬 브라우저 확장 프로그램 목록

확장 프로그램을 추가해서 사용하다 보면 오류가 생길 수 있다. 이때 최근에 설치한 확장 프로그램들을 먼저 비활성화해보고, 그래도 해결이 안 되면 확장 프로그램을 삭제해서 오류를 해결한다. 확장 프로그램을 비활성화하거나 삭제하는 방법은 있다. 크롬 브라우저 오른쪽 상단에 퍼즐 모양의 아이콘을 클릭하면 확장 프로그램 목록이 보인다. 확장 프로그램에서 오른쪽 더 보기를 클릭하면 'Chrome에서 삭제'가 나타나는데, 이를 클릭하면 삭제된다.

또는 '확장 프로그램 관리'를 클릭하면 크롬 브라우저에 추가된 확장 프로그램 목록들이 보이는데, 추가된 확장 프로그램을 찾아서 삭제하거나 비활성화할 수 있다.

▌크롬 브라우저 확장 프로그램 관리

○ ● ○

필자는 업무의 생산성을 높이기 위한 효율적인 방법에 대해 늘 고민한다. 그래서 생산성 관련 툴을 여럿 사용했었고, 현재도 생산성을 높일 수 있는 툴을 사용하고 있다. 챗GPT에 대한 관심이 높아지면서 챗GPT를 사용해보고, 업무에 활용하는 방법을 찾아 적용하고 있다. 4장에서는 업무나 일상생활에서 챗GPT를 유용하게 활용할 수 있는 내용을 담았다.

4장

챗GPT,
확장해서 활용하기

챗GPT 라이터,
지메일 답장하기

메일에 답장하는 일은 단순한 업무일 수 있지만, 한편으로는 비즈니스에서 중요한 업무이기도 하다. 이때 챗GPT를 활용하면 좋다. 수신한 메일의 내용을 프롬프트에 입력하고, 답장을 작성해 달라고 명령한다. 그러면 답장 초안으로 참고해도 될 만큼 잘 생성된다. 생성된 내용은 초안이기 때문에 필요 없는 부분이나 잘못된 내용을 수정한

┃챗GPT 라이터 확장 프로그램

다음, 메일로 보내면 된다.

수신한 메일의 내용이 길어서 중요한 내용만 요약하고 싶을 때에도 방법이 있다. 바로 프롬프트에 요약해 달라고 명령하면 그대로 수행한다. 해외 고객에게 메일을 보내야 하거나 문의사항을 보내야 할 경우에도 챗GPT로 메일 초안을 작성할 수 있다. 챗GPT 프롬프트에 입력해서 메일 내용, 메일 답장, 메일 요약을 명령할 수 있고, 외국어로 메일을 보내야 할 때도 초안을 만들 수 있다.

크롬 브라우저와 지메일[5]을 사용한다면 챗GPT로 메일을 생성할 수 있다. 크롬 웹스토어에서 'ChatGPT Writer(챗GPT 라이터)' 확장 프로그램을 검색해서 크롬에 추가한다. 지메일에서 답장을 클릭하면 '보내기' 버튼 옆에 'ChatGPT Writer' 아이콘이 있다. 이 아이콘을 클

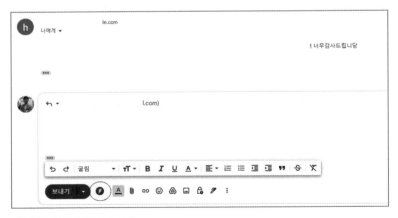

▌챗GPT 라이터로 답장하기

릭해보자. 보내려는 메일에 사용할 키워드나 중요한 내용을 입력하고 'Generate Reply'를 클릭하면 답장이 생성된다. 이때 생성된 답장을 확인하고 수정할 내용을 보낸다.

이처럼 챗GPT를 활용하면 완벽하지는 않더라도 메일의 초안 정도는 생성되기 때문에, 메일을 보내는 데 할애하는 시간이 줄어서 효율적이다.

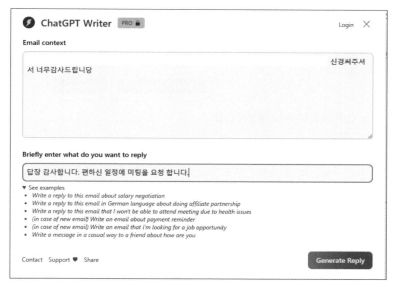

▎ 챗GPT 라이터로 답장 생성하기

챗GPT 라이터로 생성된 답장

챗GPT 투 노션, 대화 내용을 노션에 저장하기

프로젝트를 진행할 때 커뮤니케이션과 업무의 효율성을 높이려면 생산성 관련 앱이나 프로그램으로 노션 Notion[6]을 활용하는 것이 좋다. 챗GPT 프롬프트에 입력한 질문이나 요청 사항에 대한 답변, 생

❙ 챗GPT 투 노션 확장 프로그램 페이지

❙ 노션 액세스

❙ 노션 액세스 허용하기

성 결과를 노션에 바로 저장할 수 있는 크롬 확장 프로그램이 바로
'ChatGPT To Notion(챗GPT 투 노션)'이다.

이 확장 프로그램을 사용하려면 노션 계정이 있어야 한다. 노션 사
용자라면 확장 프로그램을 추가해서 챗GPT의 내용을 복사한 다음,
붙여넣기 하는 방식으로 자료를 가져오는 작업을 자동화할 수 있고
업무 효율도 높일 수 있다.

크롬 웹스토어에서 'ChatGPT To Notion'을 검색한 후 '크롬에 추
가'를 클릭해서 크롬 브라우저에 추가한다. 확장 프로그램을 추가한
후에는 노션에 로그인을 하고, 챗GPT 내용을 저장할 노션 페이지에
액세스를 허용한다. 액세스하기 전에 챗GPT 내용을 저장할 수 있는

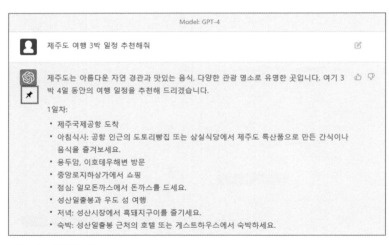

❚ 챗GPT 생성된 결과

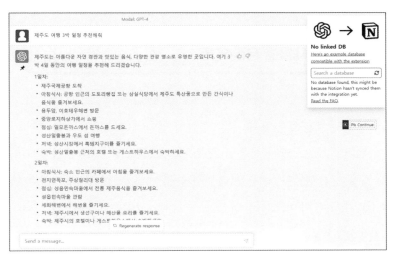

┃ 챗GPT 생성된 결과를 노션에 저장하기

페이지를 미리 만들어 놓으면 쉽게 활용할 수 있다.

　예를 들어 'ChatGPT저장페이지' 같은 식으로 만들면 관리하기가 편하다. 확장 프로그램을 실행하면 'Save to ChatGPT(세이브 투 챗GPT)'라는 옵션이 보이는데, 이를 클릭하면 프롬프트에 입력된 내용부터 답변까지 노션 페이지에 저장된다.

세이브 챗GPT 히스토리 투 에버노트, 내용을 저장하기

업무의 효율을 높일 수 있는 생산성 앱이나 프로그램들 중에서 에버노트Evernote[7]도 많이 사용된다. 필자는 노션을 사용하기 전에 에버노트를 사용했었다. 크롬 브라우저에 확장 프로그램을 추가하면 챗GPT 내용을 에버노트에 저장할 수 있다. 크롬 웹스토어에서 'save ChatGPT history to evernote(세이브 챗GPT 히스토리 투 에버노트)' 또는는

▍세이브 챗GPT 히스토리 투 에버노트 확장 프로그램 소개 페이지

'ChatGPT evernote'를 검색하면 확장 프로그램을 확인할 수 있다. 크롬에 추가한 다음 실행하면, 에버노트에 저장할 수 있다.

에버노트에 저장될 때 제목은 자동으로 생성된다. 이때 노트 분류를 위해서 수정하고, 태그Tags 입력은 에버노트에서 노트 검색이나 노트를 분류할 때 쓰는 용도이니 입력하는 것이 좋다. 저장을 위한 옵션들을 입력한 후에 'Save Now'를 클릭하면 챗GPT 내용이 에버노트에 저장된다.

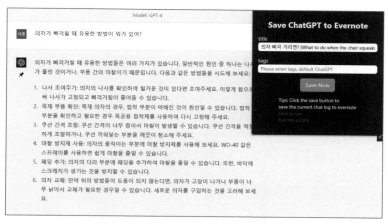

┃ 챗GPT 내용을 에버노트에 저장하기

챗GPT 사이드바란
무엇인가?

'ChatGPT Sidebar(챗GPT 사이드바)' 확장 프로그램은 크롬뿐만 아니라 엣지 브라우저로 웹 서핑을 하는 중에도 사용할 수 있다. 비슷한 확장 프로그램은 GPT에 질문과 답변을 생성할 때나 검색 엔진에 하는 질문에 응답을 생성하는 정도였다. 그런데 챗GPT 사이드바는 질문 외에 요청을 위한 명령 템플릿이 미리 만들어져 있어서 웹페이지에서 GPT를 효과적으로 활용할 수 있다.

크롬 웹스토어에서 'ChatGPT Sidebar'를 검색하거나 공식 홈페이

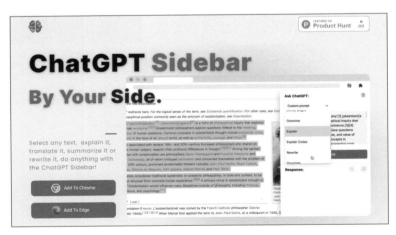

▌챗GPT 사이드바 공식 홈페이지

지(chatgpt-sidebar.com)에서 추가할 수도 있다. 브라우저에 추가한 다음에는 구글 계정으로 로그인을 하고 '그것을 밖으로 시도'라는 버튼을 클릭한다. 그러면 화면 오른쪽에 사이드바가 실행된다. 사이드바 상단에 맞춤 프롬프트 옵션을 선택해서 입력한 뒤, '제출하다'를 클릭하면 챗GPT의 응답이 생성된다. 이때 응답을 저장·공유·복사할 수 있다.

'채팅 계속하기'는 GPT와 채팅을 하면서 질문과 응답을 계속할 수 있는 옵션이다. '채팅 기록' 기능은 채팅 이력을 확인하고 해당 채팅으로 이동할 수 있다. 정리해보면 챗GPT 사이드바는 챗GPT의 기능을 그대로 가져와서 사용자가 기능을 직관적으로 이해할 수 있게 만든 것이다. 질문과 요청을 편리하고 직관적으로 할 수 있도록 프롬프트 템플릿과 이를 수정·삭제·추가할 수 있어서 사용자에게 맞는 내용으로 변경할 수 있다.

챗GPT를 많이 사용한다면 챗GPT 사이트에 매번 방문하지 않아도 기능을 쓸 수 있다. 따라서 챗GPT를 많이 사용하는 사람에게 유용하다. 챗GPT 사이드바 프로그램은 하루에 30개 쿼리만 무료로 이용할 수 있다. 무료로 활용해보다가 필요하다고 생각했을 때 유료로 전환하는 것이 좋다.

▌챗GPT 사이드바 확장 프로그램 소개 페이지

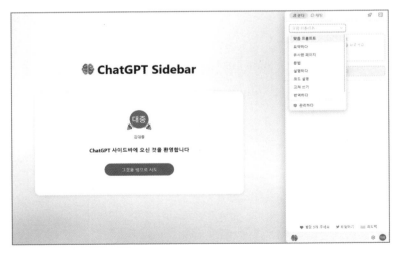

▌챗GPT 사이드바 맞춤 프롬프트

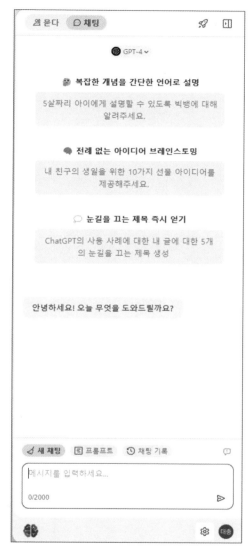

복잡한 개념을 간단한 언어로 설명

5살짜리 아이에게 설명할 수 있도록 빅뱅에 대해
알려주세요.

전례 없는 아이디어 브레인스토밍

내 친구의 생일을 위한 10가지 선물 아이디어를
제공해주세요.

눈길을 끄는 제목 즉시 얻기

ChatGPT의 사용 사례에 대한 내 글에 대한 5개
의 눈길을 끄는 제목 생성

안녕하세요! 오늘 무엇을 도와드릴까요?

새 채팅   프롬프트   채팅 기록

메시지를 입력하세요...

0/2000

▌챗GPT 사이드바 채팅

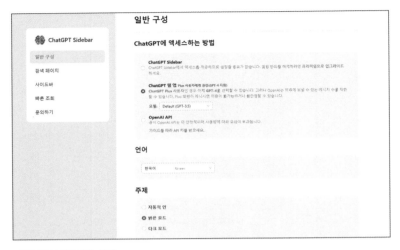

▌챗GPT 사이드바 설정

▌챗GPT 사이드바 프롬프트 템플릿

챗 위드 애니 PDF,
PDF 파일 분석 후 대화하기

'Chat with any PDF(챗 위드 애니 PDF)'는 PDF 파일의 내용을 이해하고 요약, 질문 등을 생성한다. 챗GPT에서는 사용할 수 없는 기능이면서도 일상 업무에 유용하다. GPT와 다른 점은 학습하는 데이터가 PDF 파일이라는 것이다. 다만 챗GPT에서 사용할 수 있는 프롬프트를 모두 사용할 수 있다는 점에서 다르다. 학습할 PDF 파일이 없다면 온라인에서 PDF 파일 URL을 직접 입력하거나 PDF 파일을 검색하는 방법으로 PDF 파일을 업로드할 수 있다.

무료로 사용할 수 있는데 PDF 파일 용량, PDF 페이지 수, 하루 사용량, 하루에 할 수 있는 질문 수에 제한이 있다. 서비스를 유료로 사

▌PDF 파일 온라인에서 등록하기

▌ PDF 검색해서 등록하기

용하면 PDF 페이지 수, PDF 용량, 하루에 등록할 수 있는 PDF의 수, 하루에 할 수 있는 질문의 수가 무료보다 더 많다.

이해하기 어려운 보험 약관 PDF나 논문 PDF 등을 업로드한 다음에 내용 요약, 내용 관련 질문 등을 요청한다. 그러면 PDF 내용을 학습한 후에 대답하거나 수행 결과를 생성해준다. 강의안을 업로드해서 요약, 정리, 시험 문제 생성을 요청할 수도 있다. 사업 계획서를 업로드해서 분석이나 보완해야 할 사항 등도 요청할 수 있다. 활용을 하다 보면, 생성된 내용이 영어로 된 경우가 있다. 이럴 때는 '한국어로 번역해줘'라고 명령하면 번역해준다.

텍스트가 중심인 PDF라면 비교적 유용하게 활용할 수 있다. 다만 PDF 파일에 사진이나 이미지가 많은 경우, 제작한 지 오래된 PDF 파일인 경우라면 분석을 제대로 못 하는 경우가 있다. 그럴 때는 PDF 파일의 내용을 복사해서 프롬프트에 붙여넣기를 하면 해결된다.

▌PDF 검색하기

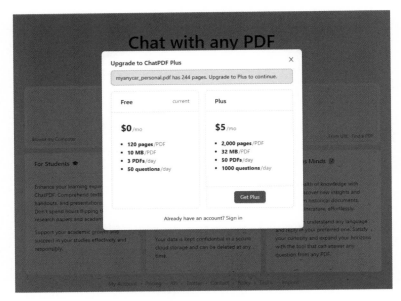

┃ 프리 요금제(무료)와 플러스 요금제(유료)

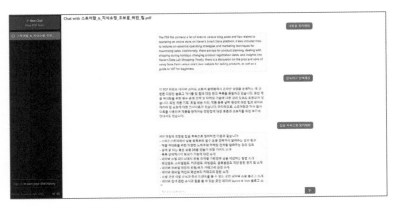

┃ PDF 내용 관련 챗GPT

○ ● ○

챗GPT는 단독으로 사용해도 유용하지만, 외부의 온라인 사이트와 함께 사용하면 생산성을 더 높일 수 있다. 챗GPT를 외부 사이트와 연동할 때는 API를 사용해서 연동한다. API 연동은 개발자라면 익숙할 것이다. 그러나 대개는 익숙하지 않을 수 있다. 지금부터 구글 드라이브의 여러 프로그램을 API로 연동하는 방법에 대해서 알아보자.

5장

챗GPT와 API 연동 알아보기

챗GPT API Key 생성하기

API는 챗GPT를 외부 사이트에 연결해주는 '다리' 또는 '통로'라고 이해하면 된다. 챗GPT API를 이용하면 다른 프로그램이나 서비스에 챗GPT를 활용할 수 있고, 업무 자동화에도 유용하다. 필자는 챗GPT와 구글 드라이브Google Drive 연동을 자주 활용하는 편이다. 챗GPT API를 연동하려면 먼저 API Key를 생성해야 한다. 챗GPT의 API Key는 사이트(platform.openai.com/account/api-keys)에서 생성할 수 있다. 사이트에서 '+ Create new secret key'를 클릭하면 'Secret Key(시크릿 키)'가 생성된다. 생성된 시크릿 키가 챗GPT와 외부를 연동시키는 API Key다.

[챗GPT API keys 화면 이미지]

｜챗GPT API keys

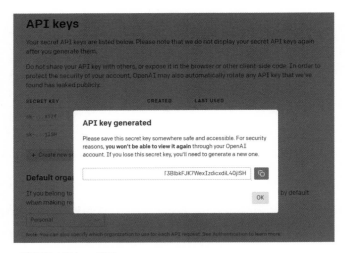

┃ 챗GPT API key 생성

챗GPT API를 사용할 때 주의할 점이 있다. 바로 챗GPT API가 무료가 아니라는 점이다. 'Usage' 메뉴에서 비용을 확인할 수 있다. 오픈AI 계정을 처음 가입했다면 3개월 동안 사용할 수 있는 크레딧(5$)을 준다. 크레딧이 있을 때는 결제 수단이 없어도 사용할 수 있다. Usage 메뉴에서 'Free trial usage'라는 표시가 있으면 무료로 사용 중이라는 뜻이고, 그렇지 않다면 결제 수단을 등록해야 사용할 수 있다.

개인 사용자라면 무료 크레딧으로도 챗GPT의 오픈AI API를 충분히 활용할 수 있다. 오픈AI API는 단어를 기반으로 비용을 계산하는데, 이때 토큰Token으로 지불한다. 비용은 1천 토큰당 0.002달러, 한화로 약 2.68원이다. 1천 토큰은 750개의 영어 단어다. 한글로는 한 글자

당 2.5토큰을 사용한다. 토큰 사용이 얼마나 되는지는 예측할 수 없기 때문에 오픈AI의 'Tokenizer'를 이용해서 토큰을 얼마나 사용하는지를 알아볼 수 있다.

▌Usage 메뉴

▌Tokenizer

구글 프레젠테이션과 연동하기

챗GPT API 시크릿 키를 생성한 후에는 구글 드라이브 오피스 프로그램과 연동할 수 있는 앱을 설치해야 한다. 구글 프레젠테이션과 연동하기 위해서는 'MagicSlides App(매직슬라이드 앱)'을 설치해야 한다. 이 앱은 '구글 워크스페이스 마켓플레이스Google Workspace Marketplace' 에서 검색하면 볼 수 있다. 오른쪽 상단에 '설치'를 클릭해서 권한 설

▌ 매직슬라이드 앱

정과 계정 선택을 하면 설치가 완료된다. 설치를 완료한 후에 구글 드라이브의 'Google 프레젠테이션'을 실행하고, 상단에 '확장 프로그램' 메뉴를 클릭하면 프레젠테이션 화면 오른쪽에 'MagicSlides.app' 팝업이 나타난다. 이때 프레젠테이션 내용을 입력하면 생성된다.

반드시 입력해야 하는 항목은 프레젠테이션의 메인 주제를 입력하는 'Topic', 그리고 슬라이드 페이지 수를 입력하는 'Total number of slides'다. 'Generating' 버튼을 클릭하면 약 100초 후에 슬라이드를 생성해준다. '디지털 마케팅 전략'이라는 주제라면 5장의 슬라이드로 작성할 수 있다. 'Color&Font' 옵션에서 템플릿, 텍스트, 바디 등 색을 설정하면 슬라이드가 생성된다.

무료로 쓸 수 있는 크레딧을 전부 소진하면 유료로 사용해야 한다. 프레젠테이션 작업이 많은 업종이라면 무료로 경험해보고, 이후에 유료로 전환하는 것도 고려해볼 만하다. 필자는 발표 자료, 강의 자료, 보고서 작성을 많이 하는 편이라 유료로 이용하고 있다.

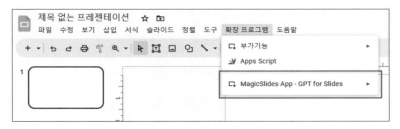

┃ 매직슬라이드 앱 확장 프로그램

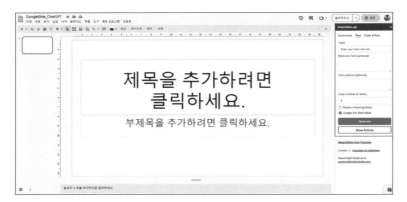

▌매직슬라이드 앱 팝업

▌슬라이드 설정

▌Color&Font 설정

▋ 슬라이드 생성

구글 스프레드시트와 연동하기

구글 스프레드시트SpreadSheets에 GPT 기능을 추가해서 GPT 함수를 쓸 수 있다. 'GPT for Sheets and Docs(GPT 포 시트 앤드 독스)' 앱을 설치하면 구글 스프레드시트와 GPT를 연동할 수 있다. 구글 워크스페이스 마켓플레이스에서 앱 소개 페이지를 볼 수 있다. 오른쪽 상단에 '설치'를 클릭하고, 권한 설정과 계정 선택을 하면 설치가 완료된다. 설치를 완료하면 구글 드라이브의 '구글 스프레드시트'를 실행한다. 확장 프로그램 메뉴에서 'Launch sidebar'를 실행하고, 오픈AI API key를 입력하면 구글 스프레드시트와 GPT 연동이 완료된다. 스프레드시트에서 '=GPT()' 형식으로 명령어를 입력하면, 구글 스프레

┃ GPT For Sheets and Docs 앱

드시트에서 GPT에 명령을 할 수 있다.

예를 들어 스프레드 셀에 '=GPT("Say hi")'를 입력하면 시트 셀에 인사말이 생성된다. 스프레드 셀에 '=GPT_LIST(B2,C2)'를 입력하면 GPT가 B2, C2 셀에 입력된 정보를 학습해서 리스트를 만들어준다. 스프레드시트 셀에 '=GPT("줄거리를 요약해줘 :", A14:B15)'를 입력하면 책의 줄거리가 한글로 생성된다. A14셀에는 책 제목, B15셀에는 ISBN 정보를 참고해서 줄거리가 생성된다. 책의 종류에 따라 다르기는 하겠지만, 한글로 생성하면 부자연스럽거나 부실한 내용이 생성되는 경우가 있다. 이럴 때는 영어로 '=gpt("summarize the contents of the

기능	함수 예제	함수 설명
대화하기 (GPT)	=GPT("Say Hi") 입력	GPT가 물어본 내용에 대해서 답변을 한다.
목록 만들기 (GPT_LIST)	=GPT_LIST(B2,C2)	사용자가 지정한 셀의 내용을 학습해서 목록을 생성한다.
학습하기 (GPT_FILL)	=GPT_FILL(B3:C7,D3:E7)	사용자가 지정한 샘플을 학습해서 원하는 결과를 출력한다.
포맷에 맞게 설정하기 (GPT_FORMAT)	=GPT_FORMAT(B2,C2)	셀에 입력된 내용이 포맷에 맞게 생성된다.
포맷에 맞게 설정하기 (GPT_EXTRACT)	=GPT_EXTRACT(B2,C2)	셀에 입력한 내용 중 텍스트만 추출한다.
번역하기 (GPT_TRANSLATE)	=GPT_TRANSLATE (내용,"korea","english")	영어로 입력한 내용이 한글로 번역된다.
요약하기 (GPT_SUMMARIZE)	=GPT_ SUMMARIZE(B2,C3)	GPT는 콘텍스트를 기반으로 텍스트 요약을 생성한다.

▌ GPT 명령 함수

book about the topic below and write it in markdown format: :", A14:B15)'
를 입력하면 더 괜찮은 내용으로 생성된다.

    GPT 포 시트 앤드 독스는 '=GPT("명령어", 셀번호:셀번호)' 또는 '=GPT명령(셀번호,셀번호)'를 기본 명령 형식으로 사용한다. 상단의 표는 업무 중에 많이 사용되는 GPT 명령 함수들이다. 이외에 GPT 명령 함수에 대해서 더 자세히 보고싶다면, 확장 프로그램에서 사이드바Sidebar를 실행해보자. 화면 오른쪽 팝업에서 'List of GPT function' 메뉴를 참고하면 사용할 수 있는 명령어 형식과 기능을 볼 수 있다.

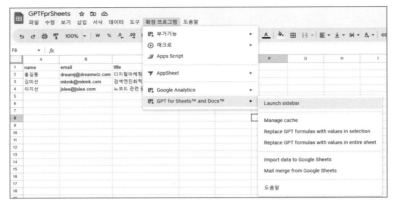

┃ 구글 스프레드시트에서 확장 프로그램 메뉴

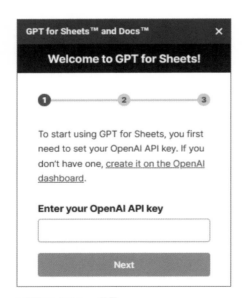

┃ 오픈AI API key 등록

| 사이드바 | List of GPT functions GPT 함수 |

	A	B	C	D
	name	email	title	
	홍길동	dreamj@dreamwiz.com	디지털마케팅 교육	=GPT("Say hi")
	김미선	mkmk@mkmk.com	검색엔진최적화 문의	
	이지선	jslee@jslee.com	노코드 관련 문의	

▌구글 스프레드시트 GPT 명령어

	A	B	C	D	E
	name	email	title		
	홍길동	dreamj@dreamwiz.com	디지털마케팅 교육	Hi! How can I assist you today?	
	김미선	mkmk@mkmk.com	검색엔진최적화 문의		
	이지선	jslee@jslee.com	노코드 관련 문의		

▌구글 스프레드시트 GPT 명령 생성

	=GPT_LIST(B2,C2)					
	A	B	C	D	E	F
	name	email	title			
	홍길동	dreamj@dreamwiz.com	디지털마케팅 교육	Hi! How can I assist you today?		=GPT_LIST(B2,C2)
	김미선	mkmk@mkmk.com	검색엔진최적화 문의			
	이지선	jslee@jslee.com	노코드 관련 문의			

▌구글 스프레드시트 GPT_LIST 명령어

	A	B	C	D	E	F
	name	email	title			
	홍길동	dreamj@dreamwiz.com	디지털마케팅 교육	Hi! How can I assist you today?		교육 일정 및 장소 안내
	김미선	mkmk@mkmk.com	검색엔진최적화 문의			교육 내용 소개
	이지선	jslee@jslee.com	노코드 관련 문의			교육 대상자 및 참가비 안내
						교육 강사 소개
						교육 후 취득 가능한 자격증 안내
						교육 신청 방법 및 기한 안내
						교육 관련 문의처 안내
						기타 교육 관련 안내 사항

▌구글 스프레드시트 GPT_LIST 명령 생성

13			
14	BookName	슬램덩크	
15	ISBN	**B16** 169447928	
16	줄거리	=gpt("줄거리를 요약해줘 :",A14:B15)	
17			

▌구글 스프레드시트 '책 줄거리 요약' 명령

BookName	슬램덩크
ISBN	9791169447928
	# 슬램덩크
	- ISBN 9791169447928
줄거리	이 책은 농구를 주제로 한 만화이다. 주인공인 강백호고등학교의 농구부에 입부한 후 꿈을 이루기 위해 노력하는 이야기가 전개된다. 이 책은 일본에서 큰 인기를 얻어 애니메이션으로도 제작되었다. ISBN은 9791169447928이다

▌구글 스프레드시트 '책 줄거리 요약' 명령 생성

BookName	슬램덩크	
ISBN	9791169447928	
줄거리	=gpt("summarize the contents of the book about the topic below and write it in markdown format: ",A14:B15)	

▌구글 스프레드시트 '책 줄거리 요약' 영어 명령

▌구글 스프레드시트 '책 줄거리 요약' 영어 명령 생성

구글 독스와
연동하기

GPT와 Google Docs(구글 독스) 연동은 GPT 포 시트 앤드 독스 앱에서 할 수 있다. 확장 프로그램 메뉴에서 'Launch sidebar'를 실행하면, 화면 오른쪽에 'GPT for Sheets and Docs' 팝업이 나타난다. 팝업에 프롬프트, GPT Model(모델)을 선택할 수 있다. 특별히 설정할 사항이 있으면 선택하고, 기본 설정으로 사용해도 된다.

'Choose an action' 입력창에 작성할 문서의 주제를 입력한 후에 하단에 'Submit'를 클릭하면 독스Docs 문서가 생성된다.

▋ 사이드바 실행

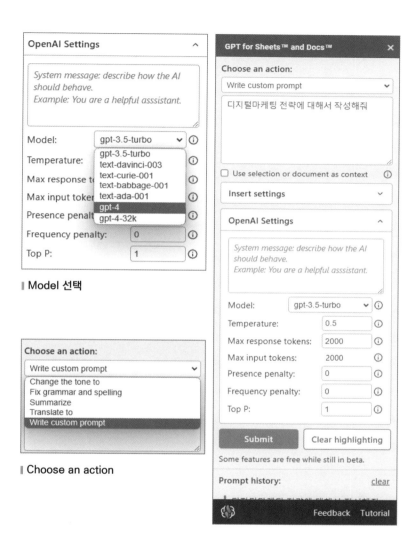

▌Model 선택

▌Choose an action

▌문서 주제 입력

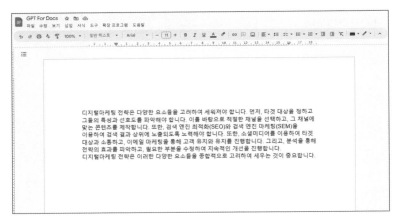

디지털마케팅 전략은 다양한 요소들을 고려하여 세워져야 합니다. 먼저, 타겟 대상을 정하고 그들의 특성과 선호도를 파악해야 합니다. 이를 바탕으로 적절한 채널을 선택하고, 그 채널에 맞는 콘텐츠를 제작합니다. 또한, 검색 엔진 최적화(SEO)와 검색 엔진 마케팅(SEM)을 이용하여 검색 결과 상위에 노출되도록 노력해야 합니다. 또한, 소셜미디어를 이용하여 타겟 대상과 소통하고, 이메일 마케팅을 통해 고객 유치와 유지를 진행합니다. 그리고, 분석을 통해 전략의 효과를 파악하고, 필요한 부분을 수정하여 지속적인 개선을 진행합니다.
디지털마케팅 전략은 이러한 다양한 요소들을 종합적으로 고려하여 세우는 것이 중요합니다.

┃ 문서 생성

구글 드라이브는 클라우드를 기반으로 사용할 수 있는 오피스 프로그램이다. 클라우드 방식으로 저장되기 때문에 협업을 할 때 유용하게 사용된다. 여기에 GPT를 연동하면 GPT에서 생성하는 정보를 기반으로 문서가 생성된다. 주의할 점은 오픈AI API를 연동한 후에 구글 스프레드시트는 함수가 자동으로 적용되기 때문에 API가 소진된다는 점이다.

API는 일정량과 연동한 후 일정 기간은 무료로 쓸 수 있지만, 정해진 사용량을 넘기거나 기간이 지나면 유료로 전환된다. 이 때문에 스프레드시트는 연동을 중단한 후에 필요할 때 다시 연동해야 한다.

엣지에서 빙으로
챗GPT 사용하기

엣지Edge는 마이크로소프트에서 개발한 웹브라우저다. 구글에 크롬이 있다면 마이크로소프트에는 엣지가 있다. 마이크로소프트는 검색 엔진 '빙Bing'을 운영하고 있다. 마이크로소프트는 자사가 운영하는 검색 엔진 '빙'에 GPT 기능을 추가해서 검색 기능을 강화했다. 이를 마이크로소프트에서는 '웹용 AI 기반 Copilot(코파일럿)'이라고 하며, 일반적으로 '빙챗BingChat'이라고 한다.

웹에서 검색하면 AI가 지원하는 검색 결과를 볼 수 있다. '대화 스타일 선택'으로 정확도를 선택할 수 있다. 챗GPT의 프롬프트와 유사하게 생긴 입력창에 토픽을 입력한 후 검색하면 결과가 생성된다.

필자는 '아이들과 갈 수 있는 대한민국에 있는 BTS 관련 관광지와 서울에서 가는 길, 관광 일정 추천해줘'라고 빙챗과 챗GPT-4에 입력한 후 생성된 결과를 비교해봤다. 결과를 살펴보면 동일한 토픽에 대해서 응답이 달랐다. 빙챗에서 생성된 결과는 외부 사이트 링크, 관련 콘텐츠가 함께 반영되어 생성된다. 빙챗이 관련 콘텐츠로 이동하거나 추가 질문을 미리 생성해주기 때문에 사용자가 이용하기가 편리하게 구성된다. 앞으로의 광고 수익을 고려한 화면 구성이라 생각한다.

광고가 도입된다면 온라인 광고 시장에 큰 영향을 줄 것이라 생각

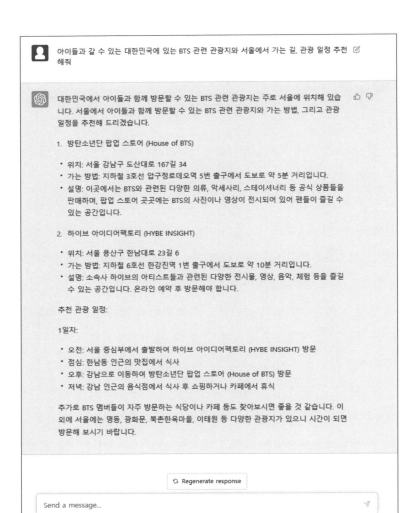

아이들과 갈 수 있는 대한민국에 있는 BTS 관련 관광지와 서울에서 가는 길, 관광 일정 추천 해줘

대한민국에서 아이들과 함께 방문할 수 있는 BTS 관련 관광지는 주로 서울에 위치해 있습니다. 서울에서 아이들과 함께 방문할 수 있는 BTS 관련 관광지와 가는 방법, 그리고 관광 일정을 추천해 드리겠습니다.

1. 방탄소년단 팝업 스토어 (House of BTS)

- 위치: 서울 강남구 도산대로 167길 34
- 가는 방법: 지하철 3호선 압구정로데오역 5번 출구에서 도보로 약 5분 거리입니다.
- 설명: 이곳에서는 BTS와 관련된 다양한 의류, 악세사리, 스테이셔너리 등 공식 상품들을 판매하며, 팝업 스토어 곳곳에는 BTS의 사진이나 영상이 전시되어 있어 팬들이 즐길 수 있는 공간입니다.

2. 하이브 아이디어팩토리 (HYBE INSIGHT)

- 위치: 서울 용산구 한남대로 23길 6
- 가는 방법: 지하철 6호선 한강진역 1번 출구에서 도보로 약 10분 거리입니다.
- 설명: 소속사 하이브의 아티스트들과 관련된 다양한 전시물, 영상, 음악, 체험 등을 즐길 수 있는 공간입니다. 온라인 예약 후 방문해야 합니다.

추천 관광 일정:

1일차:

- 오전: 서울 중심부에서 출발하여 하이브 아이디어팩토리 (HYBE INSIGHT) 방문
- 점심: 한남동 인근의 맛집에서 식사
- 오후: 강남으로 이동하여 방탄소년단 팝업 스토어 (House of BTS) 방문
- 저녁: 강남 인근의 음식점에서 식사 후 쇼핑하거나 카페에서 휴식

추가로 BTS 멤버들이 자주 방문하는 식당이나 카페 등도 찾아보시면 좋을 것 같습니다. 이 외에 서울에는 명동, 광화문, 북촌한옥마을, 이태원 등 다양한 관광지가 있으니 시간이 되면 방문해 보시기 바랍니다.

↻ Regenerate response

Send a message...

ChatGPT Mar 23 Version. ChatGPT may produce inaccurate information about people, places, or facts

┃ 챗GPT-4 검색 결과 생성

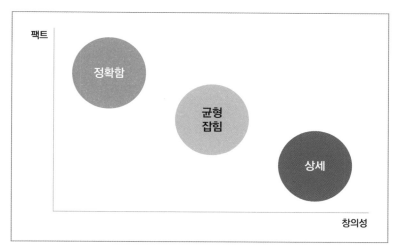

┃ 빙챗 생성 답변의 중요도에 따른 대화 스타일 설정

한다. 그리고 어떤 변화가 생길지 상황을 지켜보면 온라인 비즈니스의 변화를 볼 수 있다. 마이크로소프트 입장에서 보면 전체 온라인 광고 시장에서 점유율이 많이 낮은데, 온라인 광고 시장에서 조금만 점유율을 높여도 매출 향상을 기대할 수 있다.

빙챗을 활용할 때 '대화 스타일 선택' 옵션에 따라 다른 스타일(유형)의 답변이 생성된다. '더 보기 상세' '더 보기 균형 잡힘' '더 보기 정확함' 옵션이 있는데, 편의상 '상세' '균형 잡힘' '정확함'으로 분류할 수 있다. 생성되는 답변에 어느 정도의 창의성이 필요한지에 따라 옵션을 선택하면 된다. 창의성이 많이 필요하다면 '상세', 창의성과 정확성에서 균형 잡힌 답변이 필요하다면 '균형 잡힘', 정확한 사실이 중요하다면 '정확함' 옵션을 선택한 다음 토픽을 입력한다.

앞에서 예로 들었던, '아이들과 갈 수 있는 대한민국에 있는 BTS 관련 관광지와 서울에서 가는 길, 관광 일정 추천해줘'라는 토픽은 정확도(팩트)가 중요하다. 그러므로 대화 스타일 옵션에서 '정확함'을 선택해야 한다. 만약 유튜브 콘텐츠 제작을 위한 아이디어가 필요하다거나 이벤트 기획을 위한 토픽이라면 '상세' 옵션을 선택해야 창의적인 대답이 생성된다. '균형 잡힘'은 '정확함'과 '상세'의 중간으로, 기본 선택 대화 스타일이다. 같은 질문을 '상세'와 '균형 잡힘'으로 선택하면 각각 다른 스타일의 답변이 생성될 것이다.

입력하는 토픽에 따라 다르기는 하지만, '상세'는 친근하면서 긴 대답을 생성하고, 콘텐츠화하기 쉬운 형태로 생성된다. 반면에 '정확함'은 짧지만 비교적 근거 있는 자료들을 함께 보여주는 대답이 생성된다. 그리고 '균형 잡힘'은 다른 대화 스타일의 중간 대답으로 생성된다.

대화 스타일을 선택할 수는 있지만, 토픽을 입력할 때 해시태그(#)와 원하는 대화 스타일을 입력하면 원하는 대답이 생성된다. 현재 대화 스타일이 '정확함'인데 '상세' 대화 스타일로 생성하고 싶다면 어떻게 해야 할까? 토픽에 '아이들과 갈 수 있는 대한민국에 있는 BTS 관련 관광지와 서울에서 가는 길, 관광 일정 추천해줘 #상세'라고 입력하면 된다.

어떤 대화 스타일이 절대적으로 옳은 건 없다. 내가 어떤 스타일의

▌토픽에서 대화 스타일을 해시태그로 설정할 수 있음

▌별도로 분리 생성된 빙챗 화면

대답이 필요한지를 먼저 생각해서 대화 스타일을 선택하고 토픽을 입력하면 된다. 챗GPT를 활용해서 동화나 소설 등 창작에 기반한 대답이 필요하다면 '상세' 옵션을 선택하고, 보고서나 논문처럼 정확성에 기반한 대답이 필요하면 '정확함' 옵션을 선택하면 된다.

    엣지 브라우저의 빙챗은 사이트에 직접 접속하는 방법 외에도 엣지 브라우저에서 화면을 분리해 활용할 수도 있다. 엣지 브러우저의 오른쪽 상단에 빙챗 아이콘을 클릭하면 화면이 분리되어 빙챗이 생성된다. 빙챗 화면을 축소해 놓은 화면으로 똑같이 활용할 수 있다.

별도로 생성된 빙챗에 '작성'이라는 메뉴가 있는데, 이 메뉴는 콘텐츠를 만들 때 활용하면 좋다. 문장, 이메일, 블로그 게시물, 아이디어 등을 생성할 때 톤, 형식, 길이 옵션을 선택해서 '초안생성'을 클릭하면 옵션에 맞는 콘텐츠 초안이 생성된다. 초안을 기초로 수정과 보완을 하면 콘텐츠를 만들 때 도움이 된다.

빙챗은 모바일 앱에서도 활용할 수 있다. 안드로이드와 IOS에서 '빙' 또는 'Bing'을 검색해서 앱을 설치할 수 있고, PC에서 그대로 활용할 수도 있다.

▌'정확함' 대화 스타일

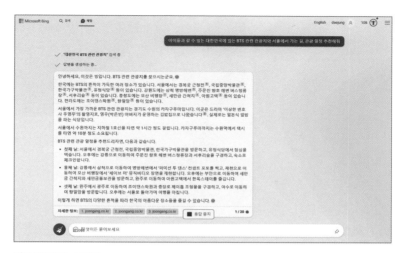

▌ '상세' 대화 스타일

▌ '균형 잡힘' 대화 스타일

▌별도로 생성된 빙챗의 작성
  기능 예제

▌빙 안드로이드 앱

▌빙 IOS 앱

마이크로소프트는 오픈AI에 거액을 투자했다. 그러면서 생성형 AI 를 자사 서비스에 적용하고 있다. 빙의 검색 기능에 채팅ChatGPT, 이미 지 생성기 서비스DALLE를 추가했다. 이미지 생성 서비스를 'Microsoft

Bing Image Creator(마이크로소프트 빙 이미지 크리에이터)'라고 하는데, 사이트(www.bing.com/create)에 접속한 뒤 프롬프트에 텍스트를 입력하면 이미지를 생성할 수 있다. 더 좋은 결과물을 생성하려면 설명을 상세히 해야 한다. 프롬프트에 설명을 상세하게 입력할수록 원하는 이미지가 생성될 확률이 높다.

생성된 이미지를 선택하면 공유·저장·다운로드를 할 수 있다. 이를 웹사이트, 랜딩페이지, 홍보용 등 이미지가 필요할 때 활용할 수 있다. 다만 아직까지는 영어만 지원하고 있어서 아쉽다. 이미지 생성을 빠르게 하려면 부스트를 사용해야 한다. 이때 부스트가 부족하다면 'Microsoft Rewards(마이크로소프트 리워드)'를 사용해서 부스트를 추가 사용할 수 있다.

❚ 마이크로소프트 빙 이미지 크리에이터

▌이미지 생성 프롬프트 입력

▌이미지 선택 옵션

챗GPT의
생태계 형성

챗GPT가 사람들에게 많은 주목을 받고 있다. 많은 사람들이 실제로 사용하기도 한다. 개인적인 흥미 때문에 사용하는 사람들도 있고, 업무에 적극적으로 활용하고자 사용하는 사람들도 있다. 챗GPT를 포함해 오픈AI의 AI서비스가 마이크로소프트에 도입되면 사용자들은 새로운 경험을 제공받을 것이다.[8] 업무에 많이 쓰이는 마이크로소프트 오피스프로그램(엑셀, 워드, 파워포인트 등)에 코파일럿Copilot을 도입하면, 업무 생산성과 효율성을 높일 수 있다.

그동안 사용자에게 도움말 역할을 하던 록키Rocky와 씨피Cippy가 오픈AI의 AI서비스와 결합되면, 사용자들의 생산성이나 활용도를 높이는 데 큰 역할을 할 것이다. 이외에도 오픈AI는 다양한 카테고리의 서비스와 플러그인, API와의 연동으로 서비스 내에 챗GPT를 활용할 수 있게 하고 있다. API는 온라인의 다른 서비스들과 연동할 수 있도록 해서 개인 사용자들도 사용할 수 있다. 오픈AI는 플러그인과 API를 통해 챗GPT, 달리DALL.E 등의 AI를 외부 서비스들에 접목할 수 있게 열어 놓고 있다. 이를 중심으로 생태계를 만들어갈 것이다.

플러그인은 카테고리를 나눠서 11개 서비스만 적용하고, API는 개인이나 기업이 일정 비용만 지불하면 서비스를 이용할 수 있다. 챗

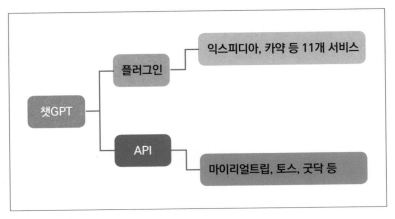

▌챗GPT 유니버스

GPT가 열어 놓은 API 연동으로 챗GPT를 활용하는 서드파티 서비스는 계속 생기고 있다. 따라서 오픈AI의 생태계 확장은 계속될 것이라 생각한다.

플러그인과 API를 활용한 생태계 생성과 확장이 오픈AI의 미래다. 오픈AI의 사례를 참고해서 다른 분야의 생성형 AI도 생태계 생성을 할 것이기 때문에, 오픈AI의 챗GPT를 중심으로 생성되고 있는 생태계를 알아보고자 한다.

챗GPT 플러그인은 챗GPT를 다른 서비스와 연결시킨다. 확장 프로그램이 단순한 기능을 확장해준다면, 플러그인은 챗GPT와 앱, 서비스를 연결한다. 오픈AI의 공식 블로그(openai.com/blog/chatgpt-plugins)에 공개된 플러그인 연동 앱 서비스는 익스피디아, 인스타카드, 클라나 쇼핑, 오픈테이블, 샵, 재피어, 피스컬노트, 카약, 마일로 패밀리 AI, 스픽, 울프럼 등 11개 서비스다.

챗GPT 플러그인은 생태계를 만드는 데 중요한 역할을 할 것이다. 챗GPT에서 해당 서비스를 이용할 수 있도록 해서다. API와의 연동은 일정량과 사용 기간에 무료로 쓸 수 있고, 사용량이 넘어가거나 사용 기간이 지나면 유료로 사용해야 한다. 플러그인과 API 연동은 사용자 경험 향상, 방문자 늘리기, 메인 서비스 사용을 늘리기 위한 목적으로, 챗GPT 서비스를 연동하는 것도 좋은 방법이다.

챗GPT를 무료로 사용하게 하면 해당 서비스 기업의 정책에 따라 사라질 수 있다. 따라서 챗GPT API를 연동한 서비스를 사용해보면 기존 서비스와는 다른 경험을 얻을 것이다. 플러그인과 API 연동으로 챗GPT 생태계는 확장될 것이다.

오픈AI는 GPT-4에 외부 데이터를 활용할 수 있는 플러그인을 추가했다. 유료 사용자들을 대상으로 먼저 GPT-4를 사용해볼 수 있게 했다. 최근에는 국내에서도 사용할 수 있게 되었다. GPT-4 플러그인은 사용자가 플러그인 스토어Plugln Store에서 사용자가 플러그인을 직접 선택해 '설치Install'한다는 점에서 잠재 가능성이 있다. 쉽게 말해 스마트폰에 앱을 설치하는 방식처럼 GPT-4에 플러그인을 설치할 수 있다. 따라서 GPT-4에 플러그인을 추가하면 사용자는 기존에 GPT-4가 제공하지 않던 기능도 쓸 수 있다. 플러그인을 설치하면 전문 서비스에서 제공하는 실시간 데이터를 GPT-4에서 확인할 수 있다. 예를

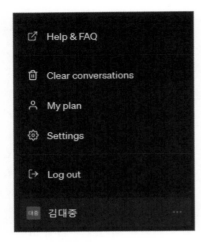

들어 익스피디아에서 제공하는 실시간 여행 정보를 GPT-4에서 가져와 보여주고, 링크를 클릭해서 예약까지 할 수 있다.

플러그인 스토어를 통해서 다양한 플러그인들이 추가될 가능성이 높아졌다. 이 때문에 사용자들은 기존의 네이버, 구글 등과 같은 포털 형태 외에 다른 형태의 포털 서비스를 경험할 것이다.

| GPT-4 왼쪽 하단 메뉴

GPT-4에 플러그인을 추가하려면 유료 서비스인 GPT-4 사용자여야 한다. 왼쪽 하단 'Settings' 메뉴에서 'Beta features' 메뉴를 클릭해 'Web browsing' 'Plugins' 옵션을 활성화한다. 챗GPT 메인 화면에 GPT-4를 선택하면 'Browsing'과 'Plugins'이 보인다. 'Plugins'에서 'Plugin store'를 클릭하면 'About plugins' 화면이 보인다. 이때 'OK'를 클릭하면 플러그인 스토어의 'New'로 이동한다. 추가할 익스피디아는 'Most popular' 카테고리에 있으니 그 카테고리로 이동해서 'Install'을 클릭하면 익스피디아 플러그인이 추가된다. 플러그인이 추가된 것을 확인했다면, 프롬프트에 입력한다.

만약 '익스피디아에서 런던 가는 대한민국 국적기 직항 비행

기 스케줄을 알려줘'라고 입력하면, 'Using
Expedia'가 보이면서 관련 정보를 알려줄 것
이다. 이때 한글로 입력해도 답변이 생성된다.
게다가 답변에 익스피디아에 연결할 수 있는
링크도 있기 때문에, 익스피디아 사이트로 이
동해서 예약을 할 수도 있다.

▌ 챗GPT 플러그인
   활용 사례

　참고로 플러그인을 추가해도 GPT-3.5에
서는 GPT-4와 같은 답변을 생성하지 않는다. 예제의 챗GPT 내용은
QR 코드를 스캔하거나 챗GPT 내용을 공유하는 주소(sharegpt.com/c/
JL4L6LZ)에서 확인할 수 있다.

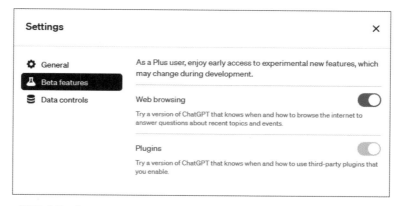

▌ GPT-4 Settings

▌브라우징, 플러그인이 활성화된 GPT-4

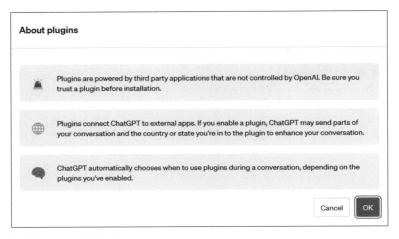

▌GPT-4 About Plugins

┃ GPT-4 플러그인 스토어

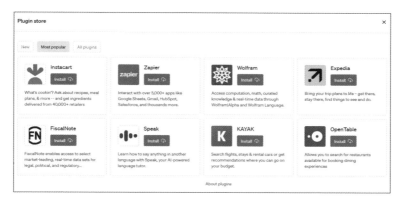

┃ GPT-4 플러그인 스토어 Most popular

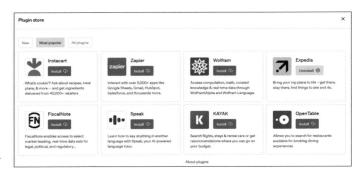

▌GPT-4 익스피디아 플러그인 Install

▌GPT-4 익스피디아 플러그인

▌GPT-4 익스피디아 플러그인 실행

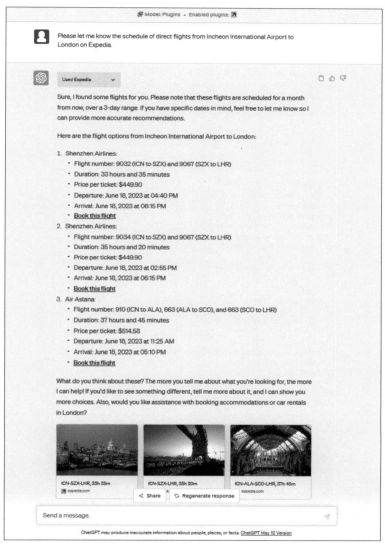

∥ GPT-4 익스피디아 플러그인 답변①

Korean national flag direct flight

Used Expedia

I found some direct and one-stop flights operated by Korean Air for you. These flights are scheduled for a month from now, over a 3-day range. If you have specific dates in mind, please let me know so I can provide more accurate recommendations.

Here are the flight options from Incheon International Airport to London:

1. Korean Air:
   - Flight number: 907
   - Direct flight
   - Duration: 14 hours and 30 minutes
   - Price per ticket: $1131.50
   - Departure: June 18, 2023 at 10:55 AM
   - Arrival: June 18, 2023 at 05:25 PM
   - Book this flight
2. Korean Air and Air France:
   - Flight numbers: 5901 (ICN to CDG) and 1180 (CDG to LHR)
   - One stop at Charles de Gaulle Airport (CDG)
   - Duration: 17 hours and 30 minutes
   - Price per ticket: $1618.10
   - Departure: June 18, 2023 at 09:05 AM
   - Arrival: June 18, 2023 at 06:35 PM
   - Book this flight
3. Korean Air and Air France:
   - Flight numbers: 901 (ICN to CDG) and 1380 (CDG to LHR)
   - One stop at Charles de Gaulle Airport (CDG)
   - Duration: 17 hours and 5 minutes
   - Price per ticket: $1618.10
   - Departure: June 18, 2023 at 12:20 PM
   - Arrival: June 18, 2023 at 09:25 PM
   - Book this flight

What do you think about these options? The more you tell me about what you're looking for, the more I can help! If you'd like to see something different, tell me more about it, and I can show you more choices. Also, would you like assistance with booking accommodations or car rentals in London?

ICN-LHR, 14h 30m
expedia.com

ICN-CDG-LHR, 17h 30m
expedia.com

ICN-CDG-LHR, 17h 5m
expedia.com

< Share   🗘 Regenerate response

Send a message.

▎GPT-4 익스피디아 플러그인 답변②

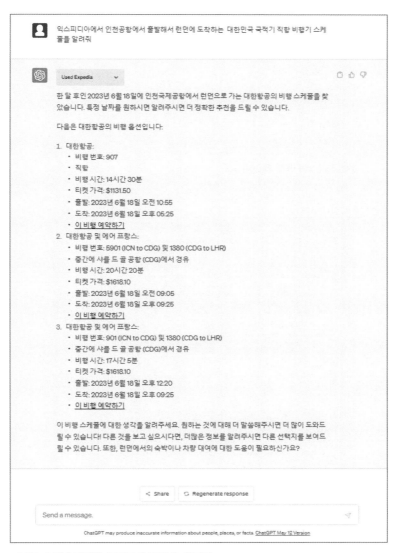

익스피디아에서 인천공항에서 출발해서 런던에 도착하는 대한민국 국적기 직항 비행기 스케줄을 알려줘

Used Expedia

한 달 후인 2023년 6월 18일에 인천국제공항에서 런던으로 가는 대한항공의 비행 스케줄을 찾았습니다. 특정 날짜를 원하시면 알려주시면 더 정확한 추천을 드릴 수 있습니다.

다음은 대한항공의 비행 옵션입니다:

1. 대한항공:
   - 비행 번호: 907
   - 직항
   - 비행 시간: 14시간 30분
   - 티켓 가격: $1131.50
   - 출발: 2023년 6월 18일 오전 10:55
   - 도착: 2023년 6월 18일 오후 05:25
   - 이 비행 예약하기
2. 대한항공 및 에어 프랑스:
   - 비행 번호: 5901 (ICN to CDG) 및 1380 (CDG to LHR)
   - 중간에 샤를 드 골 공항 (CDG)에서 경유
   - 비행 시간: 20시간 20분
   - 티켓 가격: $1618.10
   - 출발: 2023년 6월 18일 오전 09:05
   - 도착: 2023년 6월 18일 오후 09:25
   - 이 비행 예약하기
3. 대한항공 및 에어 프랑스:
   - 비행 번호: 901 (ICN to CDG) 및 1380 (CDG to LHR)
   - 중간에 샤를 드 골 공항 (CDG)에서 경유
   - 비행 시간: 17시간 5분
   - 티켓 가격: $1618.10
   - 출발: 2023년 6월 18일 오후 12:20
   - 도착: 2023년 6월 18일 오후 09:25
   - 이 비행 예약하기

이 비행 스케줄에 대한 생각을 알려주세요. 원하는 것에 대해 더 말씀해주시면 더 많이 도와드릴 수 있습니다. 다른 것을 보고 싶으시다면, 더많은 정보를 알려주시면 다른 선택지를 보여드릴 수 있습니다. 또한, 런던에서의 숙박이나 차량 대여에 대한 도움이 필요하신가요?

< Share   ↻ Regenerate response

Send a message.

ChatGPT may produce inaccurate information about people, places, or facts. ChatGPT May 12 Version

▍GPT-4 익스피디아 플러그인 답변③ 한국어

▌익스피디아 예약 페이지

▌GPT-3.5 버전에서 생성된 답변

챗GPT와
재피어

챗GPT와 연동된 서비스들 중에서 업무 자동화와 효율성에 도움을 주는 서비스가 바로 재피어_{Zapier}다. 재피어는 업무 자동화 서비스로서, 반복적이거나 단순한 업무를 자동화시키는 서비스다. 유료이지만 일정한 잽_{Zap}[9]은 무료로 사용할 수도 있어서 유용하다.

챗GPT를 활용할 수 있는 연동 잽을 설정하려면 어떻게 해야 할까? 재피어에서 '+ Create Zap'을 클릭해서 만든다. 'Make a Zap', 즉 잽 대시보드에서 'ChatGPT'를 검색하면 템플릿으로 설정된 잽을 검색할 수 있다. 이 중에서 '슬랙_{Slack}'과 '노션_{Notion}'을 연동하는데 챗GPT

▌재피어 대시보드 페이지

를 활용해서 연동하는 잽 템플릿을 선택한다.

이외에 다른 서비스들을 연동하려면 다른 유형의 잽도 만들 수 있다. '슬랙-챗GPT-노션' 템플릿을 선택하면 각 서비스에 로그인한 후에 트리거, 액션을 설정하면 잽 템플릿이 완성된다. 혼자 일하거나 규모가 작은 회사에서 활용하면 업무 생산성을 높일 수 있다. 무엇보다 24시간 작동하기 때문에 트리거가 언제 발생하든지, 설정한 시나리오에 맞게 작동한다. 필자는 주로 혼자 일하기 때문에 업무 생산성과 관련해 관심이 많다. 따라서 재피어로 적당한 잽을 생성해서 업무 생산성을 높이고, 반복 업무를 하지 않으므로 업무의 효율성을 높일 수 있다. 게다가 챗GPT와 연동할 수 있어서 유용하다.

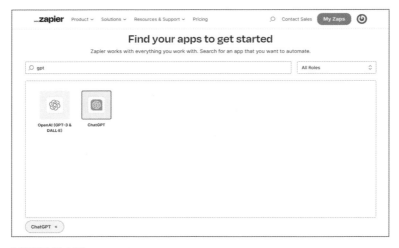

▮ 챗GPT 앱 선택

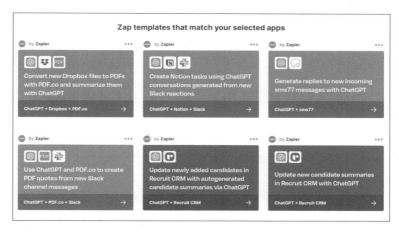

▍ 챗GPT 앱 템플릿

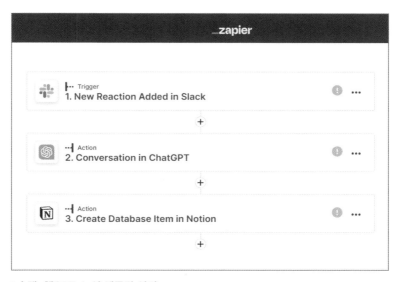

▍ 슬랙-챗GPT-노션 템플릿 설정

▮ 슬랙-챗GPT-노션을 연동하는 잽 설정

챗GPT와
마이리얼트립

　여행 전문 서비스를 제공하는 마이리얼트립Myrealtrip은 챗GPT를 활용해 'AI 여행플래너' 서비스를 제공하고 있다. AI 여행플래너로 챗GPT와 대화하면서 여행 일정, 유명 맛집, 명소, 여행지 정보 등을 추천받을 수 있다. AI 여행플래너는 실제 여행을 계획할 때나 여행을 하는 중에 사용된다. 그런데 여행을 준비하거나 현재 여행하는 중이 아니어도 관련 주제로 대화할 수 있다.

챗GPT를 기반으로 하므로 대화를 할 때 챗GPT 프롬프트에 입력하듯 하면 된다. 자세하고 구체적으로 입력할수록 좋은 답변이 생성된다. 챗GPT가 채팅창의 이력을 참조해서 응답을 생성하는 것처럼, AI 여행플래너도 대화 이력을 참조해서 답변한다.

예를 들어 '7월에 아이 3명과 어른 2명이 여행할 만한 프랑스 파리 관광지 2곳을 오전-오후-저녁에 따라 추천해줘'라고 입력해보자. 그러면 관광지 추천은 물론이고, 구글 지도에 해당 위치까지 표시해준다. 여기에 '반드시 가야 할 2곳만 알려줘'라고 추가 질문을 하면 그에 맞는 관광지까지 추천해준다. 챗GPT에서 여행 관련 프롬프트를 입력했을 때와는 달리, 구글 맵을 활용한 포맷으로 생성되는 것도 확인할 수 있다.

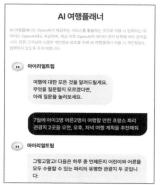
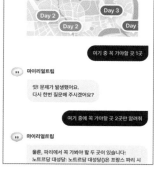

❚ AI 여행플래너

챗GPT와
굿닥

굿닥GoodDoc은 챗GPT와 연동한 '건강 AI' 서비스를 제공한다. 신체 증상이나 궁금한 사항을 입력하면 답변을 받을 수 있다. 이때 건강, 질병, 증상 등과의 정보는 챗GPT조차도 전문가에게 추가 문의를 해야 한다고 적극 이야기하고 있다. 그러므로 건강 AI의 생성 답변은 참고 수준 정도로 받아들이는 것이 좋다. 건강 AI라고 해서 건강과 관련된 질문에만 대답을 생성해주는 것은 아니다. 대개 건강 상담사의 역할을 한다.

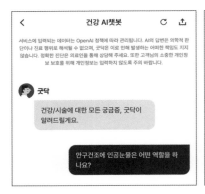
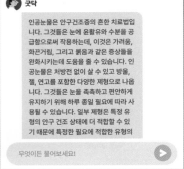

▌건강 AI챗봇 굿닥

챗GPT와
토스

토스Toss는 많은 사람들이 쓰고 있는 금융 앱이다. 토스 앱에는 여러 서비스들이 있는데, 그중 챗GPT 서비스가 추가되었다. 토스 앱 사용자라면 앱에서도 챗GPT를 이용할 수 있다. 챗GPT 사이트가 아니더라도 이용할 수 있다는 의미다. 금융 관련 질문뿐만 아니라 챗GPT 사이트에서 이용하는 것처럼 하면 되는데, 디바이스 화면이라는 한계 때문에 생성할 수 있는 양식에 한계가 있다. 이때는 텍스트 문장 형태로 챗GPT를 활용하면 된다.

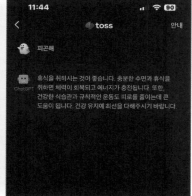

❙ 챗GPT와 토스

챗GPT와
카카오톡

AskUp(아숙업)은 카카오톡으로 챗GPT를 이용할 수 있는 채널이다. 카카오톡 채널에서 'AskUp'을 검색하거나 주소(pf.kakao.com/_BhxkWxj)를 직접 입력해서 찾을 수 있다. 아숙업 채널을 추가하면 카카오톡에서 아숙업 봇과 채팅하면서 챗GPT의 대답을 확인할 수 있다. 챗GPT 기반이기 때문에 텍스트가 기본이다. 다만 OCR(광학문자인식 기술) 기능을 활용하기 때문에, 이미지 내의 글도 이해하고 관련 답변을 생성한다.

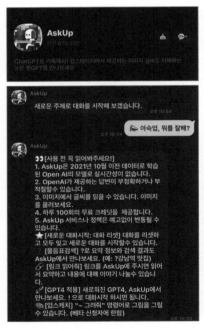

▌ 카카오톡 AskUp(아숙업) 채널

챗GPT를 기반으로 해서 최신 정보가 반영되지는 않는다. '무한도전 로고가 있는 머그컵 그려줘'라고 입력했을 때, 예능 프로그램인 〈무한도전〉의 로고를 생성하지 못하는 경우가 생기기도 했다. 아마도 학습하지 못한 것으로 보인다. 이러한 오류들이 발생할 수 있기 때문에 생성된 결과는 참고만 하는 것이 좋다.

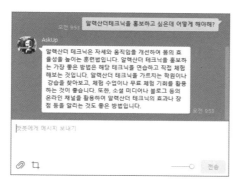

▌ 아숙업 채팅

▌ 아숙업 업스케치

챗GPT와
질로

오픈AI는 부동산 중개 사이트 '질로Zillow'와 플러그인 서비스를 출시했다. 질로의 부동산 데이터 베이스를 기반으로, 챗GPT 사용자가 구매 혹은 임대하려는 부동산 유형을 챗GPT에 입력하면 조건에 맞는 위치, 가격, 침실 수, 사진 등의 정보를 제공한다. 이를 공식적으로 'Zillow plug-in for GPT(질로 플러그인 포 GPT)'라고 한다. 이 실행 화면은 유튜브 채널(www.youtube.com/watch?v=DjhqtlWqAk8)에 접속하거나 QR 코드를 스캔하면 바로 볼 수 있다.

▎질로 플러그인

▎질로 플러그인 QR 코드

○ ● ○

AI가 우리 일상생활에서 어떻게 활용되고 있는지 구체적인 사례를 통해서 알아본다. 그리고 인터넷의 진화가 생성형 AI를 기반으로 어떤 변화를 불러일으킬지 다가올 미래도 전망해본다.

6장

챗GPT와 인터넷의
미래를 전망하다

챗GPT와 인터넷의 미래

텍스트 기반의 챗GPT가 생성형 AI 분야에서 많은 주목을 받고 있다. 일부에서는 스마트폰이 등장하던 때와 같은 혁명이라고 말하기도 한다. 어느 정도 공감이 가는 말이다. 생성형 AI는 'AI'라는 큰 분야의 한 카테고리이고, 챗GPT는 '생성형 AI' 카테고리에서 한 분야다. 생성형 AI 카테고리에는 텍스트 외에 이미지, 영상, 음악 등 다양한 분야가 있다. 생성형 AI 서비스를 위한 원가는 저렴해지고, 앞으로 성능은 더욱 좋아질 것이다.

챗GPT처럼 거대 생성형 AI 외에, 메타Meta가 공개한 오픈소스를 활용한 작은 규모의 생성형 AI들도 많이 생길 것이다. 예를 들면 마케터들을 위한 마케팅 사례, 마케팅 이론 등과 같은 데이터셋을 학습해서 마케터에게 필요한 생성형 AI가 만들어진다. 그 결과 마케터는 업무에 활용할 수 있다. 법률 관련 사례, 정보들을 학습한 생성형 AI가 만들어지거나 의료 관련 데이터셋을 학습한 생성형 AI가 만들어질 수 있다.

전문화된 생성형 AI는 챗GPT처럼 거대 생성형 AI보다 리소스도 적게 들고, 전문화된 답변을 생성한다. 거대 생성형 AI와 전문화된 생성형 AI로 다양한 생성형 AI가 생기고 있으며, 이를 활용한 서드파티 서비스들이 생겨날 것이다.

온라인 쇼핑몰로 비유해보면 다양한 브랜드와 제품을 판매하는 종합몰, 한 분야의 제품을 전문으로 판매하는 전문몰, 브랜드 기업에서 직접 운영하는 브랜드몰로 나뉘는 것과 같다. 즉 생성형 AI도 챗GPT처럼 거대한 생성형 AI, 전문 분야별 생성형 AI로 나뉠 것이다.

온라인 사용자들은 챗GPT 같은 거대 생성형 AI에서 서드파티 서비스로 이동하게 된다. 마이크로소프트 뉴빙의 검색 결과를 보면, 질문에 대한 답변 중 관련 페이지 링크, 관련 추가 추천 질문이 생성된다. 사용자는 '자세한 정보' 항목에 있는 링크를 클릭해서 해당 정보가 있는 페이지로 바로 이동할 수 있다. 검색 결과에 광고가 노출되는 구글, 네이버 등 검색 엔진이나 포털보다 자연스럽게 노출되는 방식이기 때문에 광고를 접하는 패턴이 바뀔 수 있다.

기존에는 사용자가 알고 싶은 것을 키워드Keyword로 검색하고, 검색 결과 중에서 적절하다고 생각하는 콘텐츠를 클릭하는 방식이었다. 따라서 사용자는 적합한 키워드를 선택해야 적절한 콘텐츠를 찾을 수 있었다. 이때 여러 개의 키워드로 검색할 수도 있고, 여러 번 클릭할 수도 있다.

챗GPT는 프롬프트에 사용자가 궁금한 것을 입력하면 학습된 데이터셋에서 관련 정보를 정리해준다. 그래서 사용자는 자신의 생각을 프롬프트에 입력하면 된다. 이는 사용자의 검색 패턴이 키워드에서 콘텍스트Context로 바뀌는 것이다. 다만 생성된 결과의 데이터셋 정확

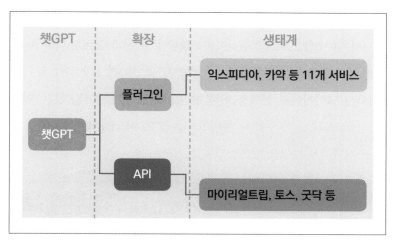

┃ 챗GPT 유니버스 생태계 생성

도, 최신성의 문제는 해결되어야 할 점이다.

생성형 AI의 사용자가 많아지면 그들을 대상으로 한 서비스와 비즈니스가 다양하게 생성될 것이다. 이때 온라인 영향력과 관련 생태계도 생성된다. 온라인의 절대 권력이라 할 수 있는 '노출'과 '클릭'은 변하지 않는다. 앞으로 챗GPT가 속한 생성형 AI 영역에서 대중화와 함께 생태계 생성에 집중하게 될 것이고, 이는 비즈니스를 더욱 커지고 다양하게 만들 것이다. 그런데 거대 생성형 AI로 집중화는 가중될 것이다. 거대 생성형 AI가 새로운 형태의 포털이 되고, 온라인 서비스들은 거대 생성형 AI와 연결되고자 할 것이다. 온라인 서비스의 생존과 직접적인 관련이 있기 때문이다. 이 방식은 플러그인과 API가 된다.

챗GPT는 사용자의 명령에 텍스트로 대답을 생성하는데, 이미지를 생성할 수 있는 달리DALL·E가 별도로 서비스를 운영 중이다. 챗GPT에서 이미지를 생성하는 서비스로 챗GPT와 달리가 통합되었다. 따라서 사용자는 이미지 생성을 위해 달리로 이동하지 않아도 된다. 이외에 영상, 음악 등의 형태의 콘텐츠 생성에도 적용될 것이다. 이는 사용자 편의성을 높이는 방향이기 때문이다.

필자가 경험한 인터넷의 시작은 '넷스케이프Netscape'[10] '야후Yahoo'[11]가 브라우저와 인터넷 포털 영역에서 높은 점유율을 차지하던 시기였다. 그런데 지금은 어떠한가? 대부분의 사람들이 넷스케이프나 야후를 잘 모른다. 과거 넷스케이프와 야후는 인터넷 서비스와 비즈니스에 많은 영향을 주었고, 오늘날 온라인 서비스가 정립되는 데 중요한 역할을 했다.

넷스케이프는 사용자가 인터넷에 쉽게 접속해서 필요한 정보를 편리하게 볼 수 있게 했다. 이후에 인터넷 익스플로러, 크롬, 웨일 등 많은 브라우저들이 파생되면서 인터넷에 쉽게 접속하도록 만들었다.

야후는 인터넷 정보를 색인하는 인터넷 서비스였다. 야후가 세운 분류를 따라가보면 홈페이지를 찾을 수 있는 방식이었다. 전화번호, 주소록, 쇼핑몰의 카테고리 분류 같은 방식이다. 단순히 옐로우 페이지Yellow Page 서비스를 하던 야후는 이후 사용자가 늘어나면서 메일, 뉴스, 스포츠 등 다양한 서비스를 제공했고, 이것이 포털 서비스의 원조가 되었다.

지금은 인터넷을 중심으로 거대한 유니버스가 만들어졌고, 인터넷을 활용한 다양한 형태의 서비스, 넷스케이프와 같은 프로그램이 생성되거나 사라지고 있다. 이것이 AI를 이야기하면서 과거의 이야기를 꺼낸 이유다. AI에 거대한 유니버스가 만들어지고 있다. 이 흐름은 초기 인터넷이 사람들에게 주목을 받고, 오늘날 인터넷을 중심으로 한 유니버스가 온·오프라인에 없다는 것을 상상조차 어렵게 만들었다.

PC, 스마트폰, 태블릿, 스마트 가전 등 인터넷은 소프트웨어를 장착한 하드웨어에서 이용되고 있다. 게다가 다양한 영역에 많은 영향을 주고 있다. 때문에 사람들의 관심이 점차 높아지고 있다. AI의 영향력이 커질수록 이를 활용한 서비스, 하드웨어, 프로그램 등이 등장할 것이다. 즉 AI를 중심으로 한 유니버스가 커질 것이다. 특히 대중적으로 많은 관심을 받고 있는 챗GPT를 대표로, 생성형 AI는 많은 사람들에게 AI 경험을 제공할 것이다.

새로운 혁명, 생성형 AI

'월드와이드웹World Wide Web'의 등장은 '콘텐츠 소비'라는 관점에서 보면 혁명과도 같다. 과거의 콘텐츠 소비는 책, 논문, 잡지, TV, 라디오 등의 방식이었다. 물론 지금도 이 방식은 유효하다. 그러나 물리적으로나 시간적으로 한계가 있다. 소비자가 시간을 맞춰야 하고, 직접 찾아가야 하기 때문이다. 그런데 월드와이드웹이 등장하면서 그 한계는 무너졌다. 소비자가 어디에 있든, 원하는 시간에 원하는 정보를 찾을 수 있게 되었다. 그 결과 정보의 불평등이 많이 해소되었다.

이뿐 아니라 월드와이드웹 사용자들이 늘어나면서 새로운 산업 생태계가 만들어졌고, 한편으로 사라진 분야도 생겼다. 사용자들은 월드와이드웹 등장 이후 PC에 접속을 해서 서비스를 활용하고 있다. 스마트폰이 등장하기 전까지만 해도 한 자리에 있어야 한다고 생각했었다. 그러다가 스마트폰의 등장으로 어떻게 되었는가? 급격히 바뀌었다. 인터넷에 접속하는 방식이 스마트폰 또는 태블릿으로 변화하면서 자유롭게 인터넷 콘텐츠를 소비할 수 있게 되었다. 제품이나 서비스를 구매하기도 편해지고, 정보를 찾거나 관심 있는 커뮤니티에도 쉽게 참여할 수 있었다.

PC 환경에 최적화되었던 서비스들이 스마트폰 환경에 최적화되어야 하는 상황이었다. 전 세계 검색 점유율 1위를 차지한 구글은 웹사이트를 평가하는 기준에 '스마트폰으로 웹사이트에 방문했을 때 콘텐츠가 잘 보이는지, 콘텐츠의 로딩 시간은 얼마나 걸리는지, 서비스 프로세스에 오류가 없는지' 등을 넣었다. 그리고 이를 반영해서 검색 결과에 노출되는 데 영향을 준다고 공식 발표했다.

PC 환경에 최적화되어 있던 온라인 서비스들은 스마트폰의 등장으로 또 한 번의 기회가 생겼다. 따라서 스마트폰에 최적화된 온라인 서비스를 출시하거나 비즈니스의 전환이 필요했다. 사용자 입장에서도 위치가 고정된 PC에서 벗어나, 이동하면서도 활용할 수 있게 되어 많은 변화를 맞이했다.

스마트폰의 등장은 말 그대로 '혁명'이었다. 짧은 시간에 비즈니스와 일상생활에 큰 변화를 일으켰다. 특히 콘텐츠 생성 측면에서 혁명이었다. 이는 생성형 AI의 등장이 기반이 되었다. 생성형 AI는 사용자의 요구에 맞게 텍스트, 이미지, 음악 등 콘텐츠를 만든다.

지금까지의 인터넷은 콘텐츠나 서비스를 만드는 사용자와 소비하는 사용자가 구분되어 있었다. 그런데 지금은 어떠한가? 생성형 AI의 등장으로 콘텐츠 제작이라는 허들이 많이 낮아졌다. 게다가 생성형 AI를 활용한 업무, 학습자료, 정보 정리 등 일상생활에서도 접근이 쉬워졌다.

생성형 AI로 만든 콘텐츠 공유 서비스들을 활용하면, 콘텐츠를 제작하는 행위가 즐거워진다. 일정 수준 이상의 퀄리티 있는 콘텐츠를 만들 수 있어서다. 그만큼 생성형 AI의 등장은 스마트폰 혁명 다음을 잇는 혁명이다. '미드저니Midjourney'를 사용해서 만든 그림, 챗GPT를 활용해서 자료를 검색·정리·생성하는 결과물들은 사람들에게 큰 충격을 주었다.

필자는 미술에 재능이 없는 편이다. 그래서 홈페이지나 SNS에 올릴 이미지나 사진이 필요할 때면 픽사베이, 게티이미지 등 이미지 공유·판매 사이트를 활용한다. 이미지나 사진을 공유해서 판매할 수 있는 사이트다. 이 사이트들의 특징은 대개 이미지 콘텐츠를 만드는 사람이 나누어져 있다는 것이다. 그런데 미드저니 같은 이미지 생성형 AI를 사용하면, 퀄리티 높은 이미지를 얻을 수 있고 내가 원하는 이미지를 정확하게 만들어서 사용할 수도 있다. 저작권 문제도 없고, 검색 엔진최적화SEO; Search Engine Optimization[12]에서도 새로운 이미지이기 때문에 사용하기에 적합하다.

이외에도 기존 서비스들과 결합해서 사용자의 편의성과 생산성을 높여주는 생성형 AI들이 등장하고 있다. 사용자가 많거나 경쟁이 치열하거나 기존에 다른 기업이 지배적으로 운영하는 서비스 등에 생성형 AI가 등장하고 있다. 오피스 프로그램, 온라인 검색, 온라인 쇼핑, 온라인 게임 등에서 우선 등장하고 있는데, 앞으로 적용 범위가 더 넓어질 것이라 예상된다.

우리는 세 번째 혁명이라 할 수 있는 생성형 AI 시대에 살고 있다. 과거 인터넷이나 스마트폰이 등장했던 시대보다 훨씬 빠르게, 훨씬 넓은 영역에서 변화를 일으키고 있음을 느끼고 있지 않은가?

생성형 AIGenerative AI의 사전적 의미는 텍스트, 오디오, 이미지 등 기존 콘텐츠를 활용해 유사한 콘텐츠를 새롭게 만들어내는 인공지능 기술이다. 이때 주목할 만한 키워드가 있다. 바로 '기존 콘텐츠'라는 키워드다. 생성형 AI란 세상에 전혀 없던 것을 만들어내는 것이 아니고, 이미 있는 콘텐츠를 재료로 한다. 여기에서 기존 콘텐츠는 텍스트, 이미지, 프로그램 코드 등을 말하는데, 이를 활용한다는 것이다.

두 번째 키워드는 '유사한 콘텐츠'다. 여기서 '유사한'의 사전적 의미는 '비슷하다'라는 뜻이다. 이미지 생성, 프로그램 코드 생성, 작문이나 요약을 생성해주는 AI들의 결과물은 창작이 아니라 유사한 콘텐츠다.

'기존 콘텐츠'와 '유사한 콘텐츠'라는 키워드로 정리해보면, 생성형 AI란 이미 누군가가 혹은 어떤 것(기계, 트래픽 등)이 만들어낸 콘텐츠 재료를 활용해서 사용자의 명령 혹은 요구 사항에 맞는 비슷한 결과물을 만들어내는 것이다.

생성형 AI는 기존의 데이터와 비교학습을 통해 사용자의 요구에 따라 새로운 창작물을 탄생시킨다. 생성형 AI의 대표적인 서비스가 바로 GPT-4의 학습이다. 이는 사람이 사용하는 언어를 학습할 때, 많은 양의 언어(LLM, 대규모 언어 모델)를 학습한다.

또한 사람에 가까운 결과물을 만들기 위해 파라미터 수를 점점 늘려가면서 진화해왔다. 최근 오픈API에서 "GPT-4의 파라미터는 GPT-3의 1,750억 개보다는 늘었다"라고 했지만, 얼마나 늘었는지에 대한 공식적인 발표는 없었다. 그저 최대 파라미터 수를 100조 개라고 예상만 할 뿐이다.[13]

일반적으로 파라미터의 수가 많으면 더 많은 양의 데이터를 저장할 수 있다. 이 때문에 복잡한 관계를 학습할 수 있다. 파라미터가 많을수록 복잡한 관계를 이해할 수 있다는 뜻이다. 즉 단어와 단어 사이의 관계와 문맥Context, 자연어를 더 많이, 그리고 정확하게 처리할 수 있다. 파라미터가 많을수록 인간의 언어를 이해할 수 있는 기능이 높아진다는 의미다.

스탠퍼드대학교의 교수인 페이 페이 리Fei-Fei Li는 '머신러닝 분야의 대모'라 불린다. 그녀는 생성 AI를 'AI의 위대한 변곡점'이라고 했다. 이는 2023년 3월 스탠퍼드 인간중심 인공지능연구소HAI; Human-Centered Artificial Intelligence에서 발표한 보고서 '생성 AI: 스탠퍼드 HAI의 관점 Generative AI: Perspectives from Stanford HAI'[14]에 나와 있다. 이 보고서는 생성형 AI가 우리 삶의 여러 분야에서 어떤 영향을 미칠지를 담고 있다. 이 때문에 요약본이라도 읽어보는 것이 좋다. 해당 보고서의 번역본은 소프트웨어 정책연구소 사이트에서 다운로드할 수 있다.[15]

생성형 AI의 기능은 파라미터 수와 관계 있다. 그렇다면 파라미터를 늘리는 것이 좋은 것일까? 일반적으로 기능을 향상시키려면 비용과 시간이 필수다. AI의 경우라면, AI를 학습시킬 데이터(데이터셋, Dataset)[16]가 필요하다. 그리고 AI는 데이터셋에 저장된 정보나 자료가 정확하다는 전제로 학습한다.

거대한 양의 파라미터와 데이터셋을 학습하는 생성형 AI가 주목받고 있다. 생성형 AI도 텍스트, 이미지, 음악 등 콘텐츠의 종류별·용도별로 생길 것이다. 다만 생성한 콘텐츠의 저작권 문제, 학습용 콘텐츠의 정보 도용 문제 등은 해결해야 할 과제다.

생소하거나 낯설지 않은
AI

AI Artificial Intelligence는 인공지능으로, 사람이 하는 일을 대신할 수 있도록 학습한다. 만약 개와 고양이를 구분하는 AI를 만든다고 할 때, 엄청나게 많은 양의 개와 고양이 사진을 학습한다. 그 결과 개 사진의 공통점과 고양이 사진의 공통점을 바탕으로, 개와 고양이의 차이를 학습한다. 많은 양의 사진으로 학습을 해서 개와 고양이 사진을 구분하는 것이다.

이때 문제는 학습한 사진을 기반으로 하기 때문에, 조명이나 각도 등 환경에 따라 다르게 볼 수 있다는 점이다. 환경 요인의 영향을 덜 받으려면 학습을 많이 해야 하고, AI의 기능도 개선해야 한다. 우리 주변에서 쉽게 접할 수 있는 AI 활용 사례를 살펴보도록 하자.

먼저 추천서비스다. 추천서비스는 사용자 개인에게 맞춰주는 서비스를 말한다. 추천서비스를 구현할 때도 AI가 활용된다. 사용자의 패턴, 사용자 정보 등을 기반으로 사용자에게 적합한 서비스를 추천한다. 다음은 추천서비스 기능이 반영된 플랫폼들이다.

- **넷플릭스(Netflix): 다양한 디바이스에서 영화, 드라마 등 콘텐츠를 시청할 수 있는 서비스다. 찜 콘텐츠, 시청 기록, 평가, 검색 등을 기반으로 해서 사용자**

가 좋아할 만한 콘텐츠를 추천한다. 그 결과 사용자는 자기가 좋아하는 콘텐츠를 쉽게 찾을 수 있다.

- 스포티파이(Spotify): **다양한 디바이스에서 음악을 들을 수 있는 서비스다. 자신이 만든 음악을 편하고 쉽게 업로드함으로써 누구나 음악을 들을 수 있게 한다. 사용자의 청취 이력, 평가, 검색 이력 등을 기반으로 사용자가 좋아할 만한 음악을 추천한다.**

- 아마존(Amazon): **사용자의 구매, 검색, 평가, 인구통계 정보를 기반으로, 맞춤형 제품을 추천한다. 제품 구매시에 다른 사람들이 구매한 다른 제품도 추천해서 구매를 추가로 유도한다. 즉 자신과 동일한 제품을 구매한 사람이 어떤 다른 제품을 샀는지도 알려주면서 제품을 추천한다.**

- 유튜브(Youtube): **동영상 공유는 물론이고 검색 엔진의 기능까지 하고 있다. 사용자의 시청 이력이나 구독 이력, '좋아요'와 '싫어요' 기능 등을 기반으로 맞춤 동영상을 추천한다. 그 결과, 보고 싶거나 자기 취향에 맞는 동영상을 쉽게 찾아 시청할 수 있다.**

앞서 살펴본 서비스 외에도 OTT, 음원 스트리밍, 온라인 쇼핑몰, 콘텐츠 플랫폼 서비스도 사용자를 대상으로 맞춤 서비스를 하고 있다. 해당 서비스에서 사용자가 어떠한 행동들을 했는지에 따라 맞춤 서비스 제공에 기반이 된다. 그러므로 이용자가 많을수록 맞춤 서비스의 정확도가 높아지며, 이는 구매(전환, Goal)로 이어질 확률을 높인다.

스마트폰에도 AI가 활용된다. 그중 대부분의 사람들이 AI인지 잘 모르고 쓰는 기능이 있다.

- 사진첩: 스마트폰으로 사진을 찍었을 때 사진 속 인물, 물체 등을 인식해서 태그를 달아주는 기능이다. 이를 기반으로 사용자가 사진을 찾을 수 있다. 인물, 장소, 시간별로 사진을 모아서 볼 수도 있다. AI가 사진 정보를 수집해서 기준에 따라 분류해 보여준다. 그 결과 사용자는 필요로 하는 사진을 쉽게 찾을 수 있다.

- 음성 비서: 아이폰의 시리(Siri), 안드로이드폰의 구글 어시스턴트(Google Assistant)는 AI를 활용한 음성 비서 기능이다. 사용자가 음성으로 질문하거나 명령하면, 이에 대해 대답하거나 명령을 수행하는 기능이다. 음성 비서 기능은 이미 AI가 사용자의 발음, 언어 등을 학습했기 때문에 명령을 이해하고 실행할 수 있는 것이다. 스마트폰의 음성 비서는 AI를 활용해서 전화 연결, 일정 관리, 텍스트의 음성 변환(TTS; Text-To-Speech) 등을 실행할 수 있다.

자율 주행 차량은 운전자가 직접 운전하지 않고 AI가 운전하는 차량을 말한다. 최근에는 많은 차량에 자율 주행 기능이 탑재되어 있다. AI는 차량 주변의 정보를 수집하는 센서와 차선과 교통 상황을 실시간으로 분석해서 주행에 반영한다. 차량을 주행하는 중에 발생하는 위험 상황들과 운전자 혹은 탑승자의 음성을 인식하고, 목적지 설정과 기타 운행 중에 필요한 역할도 수행한다. 또한 운행 중에 발생한 데이터셋을 학습해서 운전자 및 탑승자의 개입을 최소화하고 안전하게 주행할 수 있도록 돕는다.

챗봇Chatbot은 사용자의 질문에 대답하는 채팅 프로그램을 말한다. 질문자가 던지는 질문을 이해하고 대답을 생성하는데, 주로 텍스트에 기반해서 답변한다. 챗봇도 AI를 활용해서 질문에 대한 답변을 자연스럽게 이어가거나 종료하는 시점을 이해하고서 채팅을 종료한다. 이러한 채팅이 가능하려면 질문자의 질문 이해가 선행되어야 한다. 이때 자연어에 대한 이해가 있어야 하고, 채팅을 통해 학습하거나 질문 패턴을 미리 이해해야 한다. 일반적으로 챗봇은 시나리오처럼 질문과 답변이 정해져 있는 편이다.

네이버 톡톡, 카카오톡 챗봇 등이 대표적인 챗봇이다. 이외에 홈페이지에 챗봇을 설치할 수 있는 서비스들도 있다. 챗GPT도 챗봇과 유사하다. 다만 시나리오가 만들어져 있는 카카오톡 챗봇, 네이버 톡톡 같은 챗봇과 달리, 챗GPT는 사람들이 쓰는 자연어를 학습해서 사람과 채팅하는 것처럼 대화할 수 있다. 넓은 범위에서 보면 챗GPT도 챗봇 방식으로 사용자와 대화를 하는 셈이다.

스마트폰 게임, PC 게임, 콘솔 게임 중 한 번쯤은 해본 적이 있을 것이다. AI는 게임 사용자 외에 다른 요소들의 동작을 제어한다. 예를 들어 축구 게임 '피파 온라인FIFA OnLine'[17]을 혼자 플레이한다고 할 때, 플레이어끼리 대결하는 게임이 아닌 플레이어와 상대하는 팀을 제어하는 것이 게임 속의 AI다. 게임 속 AI는 해당 플레이어와 관련한 데이터셋을 학습해서 그에 맞는 플레이를 하고, 플레이어의 플레이를 예측해서 대응한다.

적으로서 대응하는 AI와는 달리, 게임 내에서 NPCNon-Player-Character[18]나 게임 내의 인터페이스를 제어하는 기능으로서의 역할을 한다. NPC나 인터페이스를 제어하는 AI의 경우, 일반적으로 정해진 시나리오에서 제어하는 경우가 많다. 이때 플레이어, 관중, 경기장의 조명 등이 NPC 사례다. 온라인 게임 '리그 오브 레전드LOL; League of Legends'[19]에서는 상점, 미니맵 등이 NPC의 사례다. 이외에 게임 난이도 조절도 AI의 활용 사례다. AI가 얼마나 활용되는지에 따라 게임의 완성도나 사용자의 만족도가 달라질 수 있다.

가정에서의 AI는 가전기기의 기능과 효율성을 높이고 사용자의 편의성도 높인다. 우스갯소리로 '청소 이모'라고 불리는 로봇청소기는 집 안의 구조와 장애물을 파악한 뒤, 효율적인 동선을 계획하고 그에 따라 이동하면서 청소한다.

AI 스피커는 음성 인식 기술을 활용해 사용자의 음성 명령을 이해하고 실행한다. 일반적으로 날씨, 생활 정보, 뉴스, 교육, 일정 관리 등을 제공한다. 사용자의 명령을 인식한 뒤, 필요한 정보를 가져와서 알려주는 방식이다.

아마존 에코Amazon Echo의 '알렉사Alexa', 구글 홈Google Home의 '구글 어시스턴트Google Assistant', 애플 홈팟Apple HomePod의 '시리Siri', 네이버 클로바 미니Naver Clova Mini의 '클로바Clova'에 AI가 탑재되어 있다. 여기에 사용되는 AI는 스피커에만 적용되는 것이 아니라, 해당 기업의 AI 전략에도 중요하게 사용되고 있다.

AI 스피커에 탑재된 AI는 스마트 허브에서도 사용되고 있다. 아마존 에코 쇼Amazon Echo Show, 구글 네스트 허브Google Nest Hub, 애플 홈팟 미니Apple HomePod mini에 이르기까지 다양하다. 이외에도 가전제품을 제조하고 판매하는 기업과 통신사에서도 스마트 허브 분야를 서비스하고 있다. 삼성 스마트싱스Samsung SmartThings, LG 스마트씽큐LG SmartThinQ, GE 인텔리전트 플랫폼GE Intelligent Platform 등 각 브랜드마다 기기를 제어할 수 있는 음성 기능과 사용자의 사용 패턴을 학습한 자동화 기능을 제공하고 있다.

영화 속의 AI

사람들이 영화를 보는 방식이 점차 변화하고 있다. 극장에서만 영화를 보는 것에서 벗어나 OTTOver The Top를 통해 영화를 보는 사람들이 늘고 있다. OTT 사용자들은 자신에 취향에 맞는 영상을 선택하고 소비한다. 지금부터 영화 속 AI가 어떤 이야기, 어떤 형태인지를 살펴보고자 한다.

┃ 〈블레이드 러너〉

1993년에 개봉한 영화 〈블레이드 러너〉를 살펴보자. 다른 행성에 노동력으로 충원시킬 목적으로 만들어진 '리플리컨트'는 외형은 물론이고 생각하는 능력이 인간과 같다. 다만 수명이 짧아서 이를 늘리기 위해 리플리컨트를 제작한 회사를 찾아가지만 수명 연장이 불가능하다는 사실을 확인한다. 여기에서 블레이드 러너는 리플리컨트를 추적하고 사살하는 역할이다. 영화 속에는 노동력으로 충원될 리플리컨트, 사람의 기억을 이식한 리플리컨트 '레이첼'이 나온다.

영화 속 리플리컨트는 인간처럼 생각하고, 외형도 같다. 더 나아가 리플리컨트의 외형에 다른 사람의 기억을 이식할 수도 있다. 리플리컨트 스스로가 사람과 동일한 생명체로 인식하는데, 이 설정은 현재까지도 많이 활용되는 설정이다. 그러나 리플리컨트는 AI 로봇이다.

2004년에 개봉한 영화 〈아이, 로봇〉을 보자. 여기에서 눈에 띄는 것은 '로봇 3원칙'이다. 1원칙은 '인간에게 해를 입혀서도 안 되고, 위

〈아이, 로봇〉

험에 처한 인간을 모른 척해서도 안 된다'는 것이고, 2원칙은 '1원칙에 위배되지 않는 한, 로봇은 인간의 명령에 복종해야 한다'는 것이다. 마지막 3원칙은 '1원칙과 2원칙에 위배되지 않는 한, 로봇은 로봇 자신을 지켜야 한다'는 것이다. 이 로봇 3원칙은 로봇의 행동을 지시하고, 인간과 로봇의 관계를 조절하는 기본 원칙이기도 하다.

물론 이는 영화에서만 적용되는 원칙일 뿐, 실제로 로봇이나 AI를 개발하는 데 영향을 주지는 않는다. 예전에 이 영화를 봤을 때는 공감하는 수준으로 이해했었다. 그런데 최근에 AI가 본격적으로 등장하면서 'AI를 개발하고 사용하는 데 어떤 원칙이 필요한지'에 대해 생각해 볼 수 있었다.

영화 〈그녀〉는 2014년에 개봉한 영화다. 편지를 대필하는 일을 하는 테오도르의 이야기를 그렸다. 어느 날 그는 인공지능 운영체제인 사만다를 만나게 된다. 사만다는 테오도르에게 맞춤형 서비스를 제공한다. 즉 테오도르와의 대화를 통해 만들어진 데이터셋으로 학습하고, 상대에게 맞춤형이 된다.

또한 학습을 통해 기능이 업그레이드되기도 한다. 영화는 인간과 인공지능의 관계가 진짜인지, 윤리적인 문제는 없는지 등에 대해서 다룬다. 학습된 감정을 느끼는 사만다와 진심의 감정을 느낀 테오도르 사이의 관계도 보여준다. 사람과 사람 사이의 관계를 어려워하는 사람들에게 AI가 대안이 될 수 있는지, 그리고 AI와 사람이 어디까지 관계를 만들어갈 수 있는지를 생각해보게 만드는 영화다.

▮ 〈그녀〉

2015년 영화 〈엑스 마키나〉에는 AI인 에이바가 등장한다. 에이바는 사람과 구별하기 어려울 정도로 인간의 언어를 이해하고 자연스러운 대화가 가능하다. 에이바를 테스트하러 온 칼렙과 대화를 하면서 서로 감정이 생긴다. 칼렙은 에이바가 탈출을 하기 위해 자신을 이용했다는 사실을 알고

▮ 〈엑스 마키나〉

〈매트릭스: 리저렉션〉

만다. 에이바는 자신의 방에서 빠져나가면서 네이든을 죽이고 연구소를 탈출한다.

AI를 어느 정도까지 허용해야 하는지, 그리고 기술적으로 어디까지 활용할 수 있는지, 스스로 학습하는 것을 넘어 인간과의 관계를 어떻게 설정할지에 대해 생각해볼 수 있는 영화다.

2021년 영화 〈매트릭스: 리저렉션〉은 가상 세계와 현실 세계를 오가며 인공지능이 새로운 세상을 만들어가는 이야기를 다룬다. 네오는 인공지능에 의해 다시 가상 세계로 가고, 새로운 인공지능 토리엘라와 함께 인간들을 위한 가상 세계를 만들어간다.

영화에서 인공지능은 인간과 협력하며 새로운 가능성을 찾아나가고, 그 과정에서 새로운 가치를 발견한다. 영화 속 AI는 다양한 영역에서 인간의 삶을 개선시키고자 도움을 준다. 인간이 가상 세계를 더욱 편하게 이용할 수 있도록 협력한다. 그리고 인간의 삶에 도움이 되는 존재로 자리하는 모습을 보여준다.

영화 〈아이언맨〉 시리즈는 마블 코믹스에 나오는 슈퍼히어로를 영화화한 작품이다. 자비스라는 AI가 등장하는데, 이는 토니 스타크가

개발한 AI다. 자비스는 집과 아이
언맨 슈트에 설치되어서 다양한
일을 수행한다. 자비스는 토니 스
타크의 감정과 행동을 이해한 뒤,
그에 따른 반응을 한다. 사람들은
이 영화 시리즈를 통해 AI를 이해
하는 데 도움을 받기도 했다.

이외에도 〈아이 엠 마더〉 〈미첼
가족과 기계 전쟁〉 〈A.I.〉 등 AI를
소재로 한 영화들이 있다. 앞으로
도 AI를 소재로 한 영화들이 개봉

▌〈아이언맨2〉

될 것이다. AI를 바라보는 사람들의 시각이 어떻게 바뀌는지를 염두
하고 보면 훨씬 재미있을 것이다.

챗GPT와
〈무엇이든 물어보세요〉

시사·교양 프로그램인 〈무엇이든 물어보세요〉를 한 번쯤 본 적 있
을 것이다. 무려 40여 년이 넘게 방영된 장수 프로그램으로 실생활에

관련된 정보를 소개한다. 이 프로그램은 인터넷이 대중화되기 전까지 많은 인기를 얻었다. 그런데 인터넷으로 정보를 쉽게 찾아보면서 예전만큼의 인기는 아니다. 전문가가 알려주는 정보와 지식보다는 사람들이 이미 만들어놓은 콘텐츠를 통해 정보를 얻고, 그 방식에 익숙해졌기 때문이다. 이러한 현상은 최근 챗GPT를 비롯해 생성형 AI가 주목을 받으면서 〈무엇이든 물어보세요〉 속의 전문가 역할을 인터넷 콘텐츠를 만드는 크리에이터가 대체하는 것과 같다.

사람들의 요구 사항을 인터넷에 입력하면, 대화형으로 답변해준다. 쉽게 말해 〈무엇이든 물어보세요〉가 다루는 아이템을 인터넷 크리에이터가 다루고 인터넷 크리에이터에서 챗GPT로, 물어보는 대상이 달라졌다는 의미다. 챗GPT는 사용자가 늘수록 답변의 내용이 전문가 수준만큼 높아지거나 정확해진다. 챗GPT-3에서 챗GPT-4로 업그레이드되면서 학습 능력이 향상되었고, 더 많은 정보와 데이터셋을 학습하면서 오류가 줄었다. 그 결과 답변의 정확성도 올라갔다.

챗GPT는 자연어 처리 기술 과정을 거치면서 질문과 답변이 대화형으로 진행되고, 대화 이력을 기억하고 학습해서 입력된 문장과 관계를 분석해 사용자 의도에 근접한 대답을 생성한다. 데이터셋의 단어, 구절, 문법, 의미 등을 학습해서 이해한다.

프롬프트 명령어 '기억해줘'를 쓰면, 사용자가 입력한 내용을 기억해서 대답할 때 적용한다. 전문가와 크리에이터보다 더 많은 정보를 학습하고, 적절한 답변을 생성한다는 면에서 효율적이다. 다만 사람의 감정을 다루거나 도덕적인 판단은 못하기 때문에 적절치 않은 답변이 생성될 수도 있다.

챗GPT를 사용할 때 염두해야 할 사항이 있다. 바로 챗GPT가 인공지능의 언어 모델들 중에서 하나라는 점이다. 인터넷 콘텐츠, 책, 뉴스, 사용자가 입력한 정보를 학습해서 입력된 문장의 맥락을 이해하고 적절한 답변을 생성한다. 답변은 입력받은 정보들이 정확할수록, 딥러닝으로 학습한 정보의 양이 많을수록 정확해진다. 챗GPT에게 '무엇이든' 물어볼 수는 있다. 하지만 학습하는 콘텐츠나 데이터셋에 따라 대답이 틀릴 수도 있으므로, 모르는 분야를 물어본다면 생성된 대답을 검증하는 과정이 필수다.

생성형 AI 서비스의 종류

생성형 AI는 사용자가 프롬프트에 입력한 요구 사항을 분석해서 그에 맞는 콘텐츠를 생성한다. 콘텐츠 생성 외에 기존 서비스와의 결합으로 사용자의 생산성이나 효율을 높이는 기능으로까지 활용되고 있다. 생성형 AI는 생성하는 콘텐츠 형태에 따라 그 종류가 다양하다. 이미 많은 사람이 사용하고 있는 생성형 AI 서비스도 있고, 앞으로 나올 생성형 AI 서비스도 있다.

생성형 AI의 종류에는 이미지 생성형 AI, 영상 생성형 AI, 음악 생성형 AI, 텍스트 생성형 AI가 있다. 이미지 생성 AI는 무료로 생성할 수 있는 횟수가 정해져 있다. 그리고 무료 횟수를 다 쓰면 비용을 지불해야 한다. 이미지 생성 AI는 한글보다는 영어로 표현을 했을 때, 생성된 이미지가 정확하다.

예를 들어 한글로 '디지털 마케팅 컨설팅 회사 홈페이지 메인 페이지에 쓸 이미지 만들어줘'라고 입력하면 엉뚱한 결과가 생성되는데, 영어로 'Please make an image for the main page of the digital marketing consulting company's website'라고 입력하면 요구 사항에 맞는 이미지를 생성해준다. 그만큼 영어로 요구 사항을 입력할수록 이미지를 정확하게 생성해준다.

○ 달리(DALL.E): 오픈AI에서 개발한 이미지 생성 AI이다. 사용자가 생성하고 싶은 이미지를 텍스트로 입력하면, 달리(DALL.E)는 사용자 요구에 맞는 이미지를 생성한다. 생성된 이미지는 크기와 해상도가 높아서 다양하게 사용될 수 있다.

○ 딥 드림(Deep Dream): 구글 엔지니어 알렉산더 모드빈체브(Alexander Mordvintsev)가 개발한 이미지 생성 AI다. 제작하려는 이미지 텍스트와 옵션을 선택해 이미지 생성 방식, 업로드한 이미지, 미리 설정되어 있는 이미지

스타일, 옵션을 선택해서 이미지를 생성하는 방식, 업로드한 이미지와 옵션을 선택해서 이미지를 생성하는 방식 등이 있다. 이 중에서 하나를 선택해서 이미지를 생성하면 된다.

○ **빙 이미지 크리에이터**(Bing Image Creator): **마이크로소프트에서 개발한 이미지 생성형 AI다.** 사용자가 입력한 텍스트에 적합한 이미지를 다양하게 생성해준다. 생성된 이미지는 웹사이트의 배경화면, 컴퓨터 디스플레이의 배경화면 등에 사용된다. 사용자가 좋아하는 이미지와 유사한 이미지를 생성할 수 있도록 학습하고, 이를 반영한다.

○ **어도비 파이어플라이**(Adobe Firefly): **어도비에서 만든 생성형 AI다.** 프롬프트에 입력된 텍스트에 적합한 이미지를 생성해준다. 베타서비스 중이라 정확한 서비스 방식이나 생성 결과에 대해서는 알 수 없다.[20] 2023년 3월 21일에 발표한 자료에 의하면, "어도비 파이어플라이에서 제작한 이미지는 어도비의 다른 프로그램에서도 쓸 수 있으며, 이미지 생성은 사용이 허가된 이미지를 기반으로 새로운 이미지를 생성한다"고 했다. 또한 어도비 스톡, 비핸스 등에서 생성한 이미지 수익화도 적용한다고 발표했다.

○ **미드저니**(Midjourney): **사용자가 텍스트로 입력하거나 이미지를 삽입하면 이를 이해하고, 디스코드 공개방에서 이미지를 생성한다.** 2022년 예술대회에서 그림 〈스페이스 오페라 극장〉으로 디지털 아트 부문 1등을 차지했다. 미

드저니로 생성한 이미지는 추상적·예술적 표현이나 일러스트적인 표현에 특화되어 있다. 2023년 3월에 출시된 5.0 버전으로 다양한 그림을 표현할 수 있다.

○ 엔비디아 피카소(NVIDIA Picasso): **엔비디아에서 발표한 이미지 생성형 AI다. 어도비의 제품과 이미지 마켓 플레이스인 게티이미지, 셔터스톡과 정식 라이선스한 이미지, 3D를 학습해서 사용자가 텍스트로 입력한 내용을 이해하고, 의도에 맞는 이미지 및 3D를 생성해준다.**

영상 생성형 AI는 비디오 에디터 역할뿐 아니라, 입력된 텍스트와 이미지를 이해해서 영상을 생성해준다. SNS나 광고에 사용할 수 있는 영상부터 단편영화를 제작할 수 있는 정도까지, 상당히 많은 부분에서 활용된다. 영상 콘텐츠에 익숙한 시대이기 때문에 앞으로 영상 생성형 AI는 용도에 따라 다양하게 출시될 것이다.

2018년 샌프란시스코에서 처음 개최된 'AI Film Festival'은 AI로 제작된 영화를 상영했다. 이후 2023년에는 뉴욕에서 개최되었다. 공식 사이트[21]에서도 수상한 영화들을 살펴볼 수 있으니, 관심이 있다면 살펴보길 바란다.

○ 딥브레인AI(Deep Brain AI): **미리 만들어져 있는 템플릿에 텍스트를 입력하고 아바타, 스튜디오를 활용해서 영상을 제작할 수 있다. 대본을 텍스트로 입력**

하면 아바타가 말을 하는 영상으로 제작할 수도 있다. 템플릿도 다양하고 외국어 지원도 되기 때문에, 비교적 빠르고 쉽게 전문화된 영상을 제작할 수 있다.

○ 인비디오(Invideo): **기본 템플릿에 영상, 텍스트, 사운드를 조합해서 사용자가 필요한 영상을 쉽게 만들어주는 온라인 비디오 에디터다. '텍스트 투 비디오(Text to Video)'는 텍스트를 입력하면 AI가 텍스트를 이해해서 영상으로 생성해주는 온라인 서비스다.**

○ GEN-2: **텍스트를 비디오로, 텍스트와 이미지를 조합해서 비디오로, 이미지를 비디오로 생성하는 영상 생성형 AI다. 영상 제작에 전문적인 기술이 없어도 수준 높은 영상을 제작할 수 있다. 비교적 사실적이고 정확한 결과물을 생성할 수 있다. 영상 생성형 AI의 기본인 텍스트 투 비디오, 입력한 텍스트와 이미지를 이해해서 사용자의 의도에 맞는 영상으로 생성해주는 '텍스트 +이미지 투 비디오(Text+Image To Video)', 입력한 이미지를 이해해서 이미지를 영상으로 생성해주는 '이미지 투 비디오(Image To Video)' 같은 기본 영상 외에 스타일, 렌더링, 스토리보드 등 다양한 방식으로 이미지를 생성할 수 있다.**

필자는 음악에 관심이 많다. 그래서 음악을 만드는 레슨을 받으려고 한 적도 있었다. 과거에는 음악을 만들려면 악기를 잘 다루어야 했고, 관련 프로그램도 조작할 수 있어야 했다. 그런데 지금은 어떠한 가? 음악 생성형 AI 덕분에 비교적 쉽게 음악을 만들 수 있다. 사용 방법도 어렵지 않아서 개인의 만족감을 위해서라도 만들어볼 만하다.

- **뮤버트(Mubert):** '텍스트 투 뮤직(Text To Music)'을 통해 AI 작곡을 지원한다. 음악 데이터셋에서 음악 정보와 특징을 학습하고, 입력된 텍스트를 분석해서 음악을 만든다. 유료 사용자라면 상업적 용도로도 사용할 수 있다.

- **에크렛뮤직(Ecrettmusic):** 사용자가 입력한 정보와 선호도를 기반으로 음악을 생성한다. 에크렛은 사용자의 음악 데이터를 수집해 AI 모델이 학습한다. 사용자가 장면, 감정, 장르를 선택하면 이를 기반으로 음악을 자동 생성한다. 그리고 영상을 업로드하면 영상에 적합한 음악도 자동으로 제작한다.

- **사운드로우(Soundraw):** 사용자가 시간, 분위기, 장르, 사용처, 템포, 연주 옵션을 선택하면 이에 맞는 음악을 자동으로 생성해준다. 생성된 음악을 구간별로 섬세하게 편집할 수는 없지만, 간단한 옵션만으로 음악을 편집할 수 있다. 생성된 음악은 라디오, 팟캐스트에서 사용할 수 있다. 섬세한 음악을 만들기보다는 인트로, 배경음악처럼 간단하게 사용할 음악을 만들 때 도움이 된다.

생성형 AI는 이미지, 영상, 음악 분야에서 활발히 활용되고 있다. 그리고 다양한 결과물들이 사람들에게 알려졌다. 생성형 AI는 홈페이지를 생성해주기도 한다. 디자이너가 스케치하고, 스케치한 이미지를 입력하면 AI가 HTML 코드로 자동 변환해서 홈페이지를 생성한다. HTML을 모르더라도 홈페이지를 자동으로 만들어주는 생성형 AI 덕분에, 앞으로 '스케치투코드Sketch2Code'[22]가 많은 영향을 줄 것이다.

'제너레이티브 디자인Generative Design' 방식은 건축, 엔지니어링, 제품 설계 분야에서 활용되고 있다. 설계자가 AI에 소재, 무게, 강도, 방향, 이동 경로 등을 입력하면, AI가 재생성하고 설계자는 적합한 설계를 선택한다. 수많은 디자인 데이터셋을 기반으로 생성하기 때문에 설계자가 미처 생각하지 못한 아이디어도 제안한다. 이 때문에 창의성을 보완해주기도 한다. 오토데스크Autodesk의 '드림캐처Dreamcatcher'[23]가 대표적인 소프트웨어다.

주석

1. 멀티모달: 여러 유형의 정보를 결합해 하나의 시스템 또는 서비스에서 처리하는 기술을 의미한다. 즉 여러 가지 형태의 정보를 고려해서 작동하는 시스템이나 서비스를 말한다. 예를 들어 멀티모달 기술은 음성, 이미지, 텍스트, 동영상 등과 같은 다양한 형태의 정보를 함께 고려해서 처리하는 것이 가능하다. 이를 통해 시스템은 더 많은 정보를 수집하고 더 정확한 결과를 제공할 수 있다.

2. 프롬프트: GPT와 같은 인공지능에게 질문이나 요청을 전달하는 데 사용되는 문장이나 단어. 프롬프트는 다른 사람에게 질문을 하는 것으로 비유할 수 있다.

3. 챗GTP 개발자 커뮤니티에서 역할과 관련해 다양한 실험들을 볼 수 있는 페이지들은 다음과 같다. flowgpt.com, www.awesomegptprompts.com, promptbase.com/marketplace.

4. 크롬: 구글이 개발한 무료 웹브라우저다. 빠른 속도, 간편한 인터페이스, 확장 기능 덕분에 사용자들이 많다.

5. 지메일: 구글의 메일 서비스로, 구글 계정을 만들면 지메일이 자동 생성된다.

6. 노션: 여러 개의 작업을 관리하거나 협업을 위한 도구로, 사용자가 메모, 문서, 할 일 목록, 데이터베이스 등을 관리할 수 있는 생산성 앱 프로그램이다.

노션을 사용하면 개인과 팀의 생산성을 향상시킬 수 있다.

7. 에버노트: 다양한 기기에서 사용할 수 있는 클라우드 기반의 노트 작성 및 관리 앱이다. 메모, 할 일 목록, 웹 클리핑 등을 저장·동기화·공유할 수 있는 기능이 있다.

8. 마이크로소프트의 공식 유튜브 채널(www.youtube.com/watch?v=hGb9 UZ8DyDc)에서 확인할 수 있다.

9. 잽: 재피어에 설정한 하나의 프로세스 단위를 말한다.

10. 넷스케이프: 웹브라우저의 하나로, 1990년대 초반에 마크 안드레센과 에릭 바이너에 의해 개발되었다. 초기에는 모자이크(Mosaic)라는 웹브라우저를 만든 NCSA(National Center for Supercomputing Applications)에서 일하면서 개발되었던 것이다. 그들은 NCSA를 떠나 1994년에 넷스케이프 커뮤니케이션즈를 설립한다. 그러면서 넷스케이프 웹브라우저를 상용화한다. 이후 넷스케이프는 웹브라우저 분야에서 큰 인기를 끌었고, 인터넷 역사상 가장 유명한 웹브라우저가 되었다. 하지만 넷스케이프는 인터넷 익스플로러(Internet Explorer)와의 경쟁에서 밀리고, 2008년 넷스케이프를 인수한 AOL이 개발과 지원을 중단하면서 역사 속으로 사라졌다.

11. 야후: 1994년에 창립된 미국 기업으로, 초기에는 인터넷 검색 엔진으로 시작해 포털 사이트로 성장했다. 야후는 초기에는 검색 결과를 카테고리별로 분류해 제공함으로써 인터넷에서 정보를 찾는 데 중요한 역할을 했다. 이후에는 뉴스, 스포츠, 금융 등 다양한 분야의 콘텐츠를 제공해 포털 사이트로서의 역할을 확대했다. 또한 이메일, 메신저, 온라인 쇼핑 등의 서비스를 제공해, 인터넷 기술 분야에서 많은 영향력을 미쳤다. 현재 야후는 버라이즌(Verizon)의 자회사로서 온라인 미디어 및 광고, 이메일, 뉴스, 금융, 스포츠 등 다양한

서비스를 제공하고 있다.

12. SEO: 구글, 네이버 등 검색 엔진에서 웹사이트를 검색 결과를 상위에 노출시키는 홈페이지의 구조, 웹페이지의 구조, 홈페이지를 구성하는 요소들을 최적화하는 과정이다.

13. 2021년 8월 세레브라스(Cerebras)의 CEO인 앤드류 필드만(Andrew Feldman)은 〈Wired〉에 '오픈AI와의 대화'에서 "GPT-4의 파라미터는 약 100조 개가 될 것"이라고 말했다.

14. '생성 AI: 스탠퍼드 HAI의 관점(Generative AI: Perspectives from Stanford HAI) 보고서' 원문은 해당 사이트(hai.stanford.edu/sites/default/files/2023-03/Generative_AI_HAI_Perspectives.pdf)에서 다운로드할 수 있다.

15. '생성 AI: 스탠퍼드 HAI의 관점 보고서'의 소프트웨어정책연구소 번역본은 해당 사이트(spri.kr/posts/view/ 23558?code=AI-Brief&s_year=&data_page=1)에서 다운로드할 수 있다.

16. 데이터셋: 정보나 자료를 모아둔 것이다. 예를 들어 날짜별 차량 통행 정보, 시간대별 지하철 이용자 수, 학생들의 수학 성적 등 여러 가지 정보를 모아놓은 것을 말한다.

17. 피파 온라인: EA Sports에서 개발한 온라인 축구 게임으로, 인터넷을 통해 다른 플레이어와 경쟁할 수 있다. 실제 축구의 여러 스킬과 전술을 이용해서 경기를 할 수 있다. 여러 리그와 대회에 참여할 수 있다. 현재 가장 인기 있는 온라인 축구 게임 중 하나다.

18. NPC: 게임, 가상현실, 인터넷 등에서 플레이어가 조작하는 캐릭터가 아닌 컴퓨터가 조작하는 캐릭터를 말한다. NPC는 게임 내에서 특정한 역할을 수행하거나 플레이어와 상호작용하는 존재다. NPC 구현 기술과 역할을 얼마나

정교하게 만드는지도 게임의 완성도를 높이는 데 중요한 부분을 차지한다.

19. 리그 오브 레전드: 라이엇게임즈(Riot Games)에서 개발한 MOBA(Multiplayer Online Battle Arena) 게임이다. 플레이어가 획득한 경험치나 골드를 이용해서 아이템을 구매하면 더욱 강한 캐릭터로 만들 수 있다. 리그 오브 레전드는 전 세계적으로 많은 팬을 보유하고 있는 대표적인 MOBA 게임이다. 리그 오브 레전드 월드 챔피언(롤드컵)은 2022년 결승에서 전 세계 5만 명 이상(중국 제외)이 동시 접속해서 흥행에 성공하기도 했다.

20. 2023년 3월 23일에 어도비 파이어플라이에서 사용자 등록 후 초대장을 받아야 이용할 수 있다.

21. 2023년 AI Film Festival 공식 사이트 주소는 'aiff.runwayml.com'이다.

22. 스케치투코드: 마이크로소프트의 생성형 AI다.

23. 오토데스크 드림캐처: 제너레이티브 디자인 소프트웨어다.

200% 활용하는 챗GPT 질문법

초판 1쇄 발행 2023년 6월 29일
초판 2쇄 발행 2023년 7월 6일

지은이 | 김대중
펴낸곳 | 원앤원북스
펴낸이 | 오운영
경영총괄 | 박종명
편집 | 최윤정 김형욱 이광민
디자인 | 윤지예 이영재
마케팅 | 문준영 이지은 박미애
등록번호 | 제2018-000146호(2018년 1월 23일)
주소 | 04091 서울시 마포구 토정로 222 한국출판콘텐츠센터 319호(신수동)
전화 | (02)719-7735 팩스 | (02)719-7736
이메일 | onobooks2018@naver.com 블로그 | blog.naver.com/onobooks2018
값 | 15,000원
ISBN 979-11-7043-425-2 03320